ACCESO GRATIS *a la Lectura en la Nube*

Para visualizar el libro electrónico en la nube de lectura envíe junto a su nombre y apellidos una fotografía del código de barras situado en la contraportada del libro y otra del ticket de compra a la dirección:

ebooktirant@tirant.com

En un máximo de 72 horas laborables le enviaremos el código de acceso con sus instrucciones.

EL DELITO DE ENRIQUECIMIENTO INJUSTIFICADO

Consideraciones sobre la criminalización del silencio

Procedimiento de selección de originales, ver página web:
www.tirant.net/index.php/editorial/procedimiento-de-seleccion-de-originales

EL DELITO DE ENRIQUECIMIENTO INJUSTIFICADO

Consideraciones sobre la criminalización del silencio

ELENA NÚÑEZ CASTAÑO

tirant lo blanch
Valencia, 2024

En caso de erratas y actualizaciones, la Editorial Tirant lo Blanch publicará la pertinente corrección en la página web www.tirant.com.

Director de la Colección:

JOSÉ LUIS GONZÁLEZ CUSSAC

Catedrático de Derecho Penal
Universitat de València

EDITA: TIRANT LO BLANCH
C/ Artes Gráficas, 14 - 46010 - Valencia
TELFS.: 96/361 00 48 - 50
FAX: 96/369 41 51
Email: tlb@tirant.com
www.tirant.com
Librería virtual: www.tirant.es
DEPÓSITO LEGAL: V-1207-2024
ISBN: 978-84-1056-294-3
MAQUETA: Tink Factoría de Color

No hay nada en esta tierra más valioso que ser agraciado con una amistad verdadera.

(Santo Tomás de Aquino)

La amistad te impide resbalar al abismo.

(Bruce Springsteen)

A todos los que no me han soltado la mano. Ellos saben quiénes son. Gracias.

Índice

Prólogo

Es para mí una satisfacción personal y académica presentar un excelente trabajo penal, como es el que ante sí tiene el lector: "*El delito de enriquecimiento injustificado. Consideraciones sobre la criminalización del silencio*" de Elena Núñez Castaño. A su autora, discípula de mi gran amigo el Profesor Francisco Muñoz Conde, la conozco desde hace muchos años, y me consta el rigor y la profundidad con que aborda los temas penales, y el presente texto es una buena prueba de ello.

Agudamente, la autora apunta desde el primer momento a la esencia problemática de esta figura, nueva en el derecho español (procede de la Reforma introducida por la Ley 14/2022, de 22 de diciembre) al subtitular el trabajo como "consideraciones sobre la criminalización del silencio", y, efectivamente, ese es el núcleo de lo que se considera conducta injusta y punible en la figura que describe el art.438 bis del CP. Algunos comentaristas tempranos del nuevo delito señalaron que se trataba de castigar a las Autoridades que se enriquecían durante su mandato, porque se les descubre un patrimonio que no se corresponde con sus ingresos. Pero no es exactamente esa la idea que se deriva del tipo, cuyo centro se sitúa en la *negativa a dar explicaciones* sobre el origen del incremento patrimonial. Esa conducta omisiva, ese silencio, es el que determina la respuesta punitiva, y es hacia esa realidad normativa hacia donde apunta la investigación de Elena Núñez.

El nuevo delito entró en el CP acompañando a la reforma de los delitos de sedición y malversación, como si se quisiera disimular la gravedad de la decisión de satisfacer las exigencias de los grupos independentistas con los que el Gobierno deseaba congraciarse. Pero formalmente se presentó como una contribución a la lucha contra la corrupción mediante la incorporación de lo que, según el legislador, era una figura de vanguardia, calificativo exagerado porque la tipificación del enriquecimiento estaba recomendada en diversos documentos como la Convención de la ONU sobre corrupción del año 2003 o la Comunicación de la Comisión al Parlamento Europeo y al Consejo, de 20 de noviembre de 2008, sobre la necesidad de crear un delito que penalizase la posesión de bienes injustificados, como arma imprescindible en la lucha contra la criminalidad organizada, recomendaciones que no se dirigían a la necesidad de investigar el patrimonio de los funcionarios, sino el de cualquier persona que no pudiera explicar el origen de sus bienes.

Posiblemente, el mayor error del legislador en relación con este nuevo delito, por más que invoque recomendaciones supranacionales, ha sido la pretensión de presentar esta tipicidad como una aportación a la lucha contra la corrupción, pues desde el Preámbulo de la Ley de reforma se percibe que la idea rectora es la persecución de un cohecho, o delito similar, del que no se tienen más pruebas que las consecuencias lucrativas para un (alto) funcionario con lo que se impone recurrir a las presunciones. Y esa es la equivocación.

Hubiera tenido más sentido concretar la *ratio* de la Ley en la necesidad de fomentar y proteger jurídicamente la transparencia, que se traduce en un control riguroso de la actividad de los altos funcionarios, y también de los no tan altos, aunque el legislador se haya olvidado de ellos. De nuevo aparece la vieja idea plasmada en el dicho "no basta que la mujer del César sea honesta, también tiene que parecerlo". Solo eso, vinculado, claro está, a la imagen de los responsables públicos, explica y justifica la intervención del derecho, aunque, y esa es cosa muy diferente, no del derecho penal.

La transparencia como bien jurídico, pues, no es la sospecha de corrupción, sino algo muy diferente, ligado a la ejemplaridad. Ello es compatible con datos ciertos, como que en 2006 la OCDE había recomendado crear un delito de tenencia injustificada de bienes, pero ese delito no se creó porque preponderó la idea de que no era posible crear una figura penal que equiparara lo inexplicable con lo delictivo, lo cual se consideró excesivo, pues hay modos de adquirir bienes que no son delictivos, aunque sean tal vez anormales, como puedan ser las ganancias procedentes del juego entre particulares o del hallazgo de un tesoro o la recepción de un regalo. Pero no hay razón para grandes escándalos, pues esas ganancias procedentes del juego o del hallazgo (siguiendo con los mismos ejemplos) tienen relevancia en otros ámbitos del Derecho, como sucede concretamente con el derecho tributario, para el que el aumento del patrimonio tiene relevancia y puede ser fuente de obligaciones y de sanciones en tanto que se trate de ingresos o incrementos no declarados, y la falta de declaración puede obedecer al deseo de evitar obligaciones tributarias, lo que acarrea su propia responsabilidad, pero en manera alguna se podría suponer que el ingreso no declarado tiene origen delictivo, y el delito de enriquecimiento ilícito parte, implícitamente, de que es la corrupción la que explica el aumento del patrimonio.

Por otra parte, resulta un tanto ingenuo limitar la muestra de la hipotética corrupción del funcionario al incremento de su patrimonio o al incumplimiento de las normas sobre control de los bienes que posee, pues los modos de burlar las prevenciones pueden ser muchos, amén de que hay vías de corrupción que nada tienen que ver con el incremento patrimonial, como puede ser el uso de "puertas giratorias" para pasar de la Administración o del Parlamento a la empresa privada con una buena retribución. Pero el legislador ha reducido su (discutible) intervención a crear un delito inevitablemente anclado en "presunciones de origen".

Hay que advertir que el derecho penal positivo ya había acogido esa clase de presunciones sobre el origen delictivo de unos bienes, como sucedió con la ampliación del objeto posible del comiso mediante la presunción legal de que se pueda considerar proveniente del delito el patrimonio del condenado cuyo valor sea desproporcionado con respecto a sus ingresos legales. La idea central es comprensible: se han de perseguir e incautar los frutos económicos de los delitos, cualquiera que sea su situación o la transformación que hayan experimentado. En ese contexto se encuadra la denuncia de que la legislación española no contaba con un delito de tenencia injustificada de bienes, y las reformas introducidas en el comiso no eran en modo alguno una respuesta suficiente, pero eso no justifica la inclusión de esta nueva tipicidad.

La nueva figura, que en este trabajo Elena Núñez analiza rigurosamente, no enlaza con ese discurso, pues se trata de un delito exclusivamente de funcionarios públicos, más concretamente, de "autoridades" y su objetivo no hubiera debido ser la lucha contra el disfrute de bienes procedentes de delitos, como a la postre parece imponerse como interpretación inevitable, sino algo mucho más reducido: el control del cumplimiento del deber de declarar todo el patrimonio que pesa sobre determinados funcionarios cuya conducta y, sobre todo, su imagen ha de ser intachable y libre de toda sospecha. Pero no ha sido ese el designio del legislador, que ha optado por una figura anclada en las presunciones de comportamiento corrupto, estableciendo consecuencias punitivas por no dar explicación bastante del incremento del propio patrimonio, y si ese es el único objetivo de la nueva figura sobra el calificativo de "avance revolucionario".

Integridad y ejemplaridad, esas son las metas perseguidas por la Ley 19/2013, de 9 de diciembre, de transparencia, acceso a la información pública y buen gobierno. Pero para alcanzar ese objetivo no es imprescindible acudir al derecho penal, pues habría bastado con sanciones administrativas adecuadas. Nos encontramos, pues, ante una figura de discutible necesidad, aunque algunos la consideren imprescindible, y que, además, abre la puerta a las presunciones contra el acusado, al que únicamente se le tendrá que probar el incremento de su patrimonio, y, a partir de ahí, será él el que deberá dar cuenta del origen de esos bienes, que los acusadores no han podido vincular con delito alguno. Ya sabemos que no es la primera ocasión en que el CP utiliza presunciones, como, por ejemplo, el art.166 cuando se refiere al reo de secuestro que no dé razón del paradero de la persona detenida, pero el paralelismo con el enriquecimiento no es fácil porque el dinero o los bienes no son objetos ilícitos en sí mismos, mientras que el secuestrador ha cometido un delito grave.

En defensa de la corrección técnico-jurídica de este nuevo delito se ha dicho que lo adecuado es que el acusador solo tenga que probar que se ha producido objetivamente un aumento del patrimonio del acusado, sin necesidad de profundizar más, pero, en cambio, el acusado tendrá que dar una explicación pormenorizada del origen de todos y cada uno de sus bienes o sus fondos. Si, por ejemplo, se trata de una ganancia procedente del juego o de una operación especulativa —dejando de lado el impacto tributario que uno y otra puedan tener— tendrá que dar datos concretos que inevitablemente afectan a otras personas. Tradicionalmente se había dicho que quien imputa a otro un delito debe de aportar alguna prueba, y si lo que se quiere imputar es un cohecho o un fraude a la Administración ese será el hecho a aportar acompañado de una prueba siquiera indiciaria (un comportamiento irregular del funcionario). Pero no es así, pues al acusador le basta con probar o aportar datos sobre el incremento patrimonial, cayendo sobre el acusado la prueba de que no se ha corrompido.

Sin duda, la imagen de un alto funcionario resulta dañada si disfruta de bienes de origen desconocido, y él mismo ha de ser consciente de las limitaciones que por razones de imagen comporta el ejercicio de ciertas funciones públicas, y eso le impide aceptar regalos o hacer negocios, por ejemplo, y esa obligación deontológica puede dar lugar a consecuencias jurídicas en caso de no respetarla.

La respuesta no puede ser la formulación de un tipo de delito como el que ha entrado en el art.438 bis CP. No es un planteamiento jurídico merecedor de elogio. Situaciones explicables, sin sombra de dimensiones delictivas pero que el acusado no quiere exponer públicamente pueden llevar a una condena que sería materialmente injusta. De ahí lo acertado del subtítulo elegido por Elena Núñez: la criminalización del silencio, idea que guía el desarrollo y las conclusiones de este excelente estudio.

Gonzalo Quintero Olivares
Catedrático (j) de Derecho Penal

I. Introducción: aspectos generales de la criminalización del enriquecimiento injustificado

Los cambios sociales tan radicales a los que estamos asistiendo en las últimas décadas conllevan una consecuencia inmediata y que camina paralelamente a la transformación de la sociedad: la continua expansión e intensificación del Derecho Penal que ha pasado de ser el último de los recursos para solventar cualquier conflicto social a convertirse en el instrumento por excelencia para la resolución del mismo[1]. Esta nueva concepción y desarrollo del Derecho penal que, como se expondrá, conllevará no sólo la regulación típica de comportamientos que, hasta el momento, en modo alguno habían sido concebidos como delitos, sino también una clara intensificación respecto de aquellos que ya se encontraban incluidos en el ordenamiento jurídico penal. Pudiera parecer que este cambio de esquemas resulta irrelevante, pero supone una transformación mucho más profunda y de mayor calado que lo que aparentemente parece. Y ello se traduce esencialmente en dos problemas que caracterizan este "nuevo" Derecho penal: legitimidad y afección de derechos fundamentales.

De *legitimidad*, porque sobre la base de sensaciones de inseguridad provocadas en la sociedad por la intervención de diversos factores (corrupción, terrorismo, violencia, etc.) u operadores (medios de comunicación, asociaciones, políticos e, incluso, el propio Estado) determinan que la

---

1 MATALLÍN EVANGELIO, "La prueba del origen ilícito de los bienes y otros problemas interpretativos del blanqueo de capitales", en *Revista Penal México*, nº 23, julio-diciembre, 2023, pág. 48.

sociedad acabe reclamando una ampliación de la intervención del Estado en el ámbito de los derechos fundamentales y garantías básicas de los ciudadanos en un Estado de Derecho. Y esta ampliación se traduce, generalmente, en la demanda de una mayor criminalización[2] entendida en un doble sentido: el incremento, muchas veces absolutamente desmesurado de las penas respecto de figuras delictivas tradicionalmente existentes con la consiguiente desvirtuación del principio de proporcionalidad penal, y, junto a ello, en el incremento desmesurado de nuevas figuras delictivas habitualmente de cuestionable compatibilidad con los derechos fundamentales de los ciudadanos respecto de los que se producen evidentes restricciones y limitaciones, cuando no claras vulneraciones. Es decir, esa incesante (y provocada) demanda de intervención estatal, fundamentalmente en el ámbito del derecho penal, además de problemas de legitimidad en tanto que no van a encontrar fundamento claro para la criminalización de algunos comportamiento, salvo el propio sentir social, provoca el segundo de los problemas que he expuesto, el de la *vulnerabilidad* de los derechos fundamentales y las garantías básicas en un Estado de Derecho. Vulnerabilidad ocasionada por el Estado y aceptada y alentada por los ciudadanos en pro de una mayor seguridad frente a aquellos fenómenos que se nos han transmitido como problema.

Son dos, por tanto, las premisas de las que es necesario partir en este nuevo enfoque social: que el Derecho en general y el Derecho penal en particular son instrumentos necesarios para ordenar la coexistencia y convivencia en el seno de una sociedad[3] y que se ha creado en la sociedad

---

2 MATALLÍN EVANGELIO, *ibidem*; ESCUDERO GARCÍA-CALDERÓN, "La satisfacción de las víctimas como expresión de una política criminal equivocada y el sonrojo de los juristas", en *Modernas tendencias y modernos peligros de la Política Criminal*, Tirant lo Blanch, Valencia, 2023, pág. 51.

3 QUINTERO OLIVARES, "Las leyes penales, la irracionalidad y el consenso", en *Teoría y Derecho*, nº 34, Tirant lo Blanch, 2023, pág. 301.

un sentimiento de inseguridad respecto de determinados fenómenos que avala que el instrumento más coercitivo para regular esa coexistencia, como es el Derecho Penal, ostente un papel prioritario y prevalente en la solución de los conflictivos (un *Derecho penal de máximos*), en lugar de su papel tradicional de intervención mínima y *ultima ratio* (un *Derecho penal mínimo*). Ello confluye en lo que se está produciendo en los últimos tiempos, es decir, una creación incontrolada de nuevas infracciones penales que no responden a la tradicional concepción de protección de bienes jurídicos, sino a distintos tipos de intereses, generalmente de quienes en un momento determinado ostentan el poder[4].

Estos intereses "crean" o provocan aquellos temas que van a ser objeto de preocupación para la sociedad; esto es, determinan en qué ámbitos concretos el ciudadano sentirá mayor preocupación y sensación de inseguridad[5], y, en consecuencia, demandará del Estado un mayor intervencionismo que le permita sentir una mayor protección y seguridad. Justo la legitimidad que necesita el Estado y otros operadores sociales y jurídicos o mediáticos para conseguir justificar su intervención. ¿Cómo consiguen hacer surgir esta situación de inseguridad y temor? Mediante un continuo bombardeo de noticias en los medios de comunicación o de campañas llevadas a cabo por sectores sociales, políticos, ideológicos o económicos, que mediante la exacerbación del problema real, lo convierten en *viral*. De esta manera consiguen, que aquello que era excepcional y aislado, e incluso que sigue siéndolo, se perciba como algo habitual y continuo[6].

---

4 QUINTERO OLIVARES, *ibidem*.

5 Señala GARLAND, *La cultura del control*, Gedisa editorial, Barcelona, 2005, pág. 45 que *"el temor al delito ha llegado a considerarse como un problema en y por sí mismo, claramente distintos del delito y la victimización reales"*.

6 Es lo que HASSEMER, *Crítica al Derecho penal de hoy*, trad. Ziffer, 2ª ed., Ad Hoc, Buenos Aires, 2003, págs. 50 a 57 ha denominado *dramatización de la violencia*.

Creada esa preocupación del ciudadano por un tema concreto, el resto es relativamente simple, la indignación o el miedo, dependiendo de los casos, provocarán de manera casi inmediata la reacción de la sociedad reclamando un mayor control, una mayor injerencia del Estado y una mayor presión, sobre todo jurídica, en la respuesta para inocuizar el mismo.

La consecuencia de ello también es casi inmediata y previsible: se produce una tormenta de leyes penales que, con la apariencia de tratar de resolver el conflicto o eliminar la preocupación, en realidad incorporan claramente una restricción cada vez mayor de los ámbitos de libertad individual de los sujetos. El conflicto no se resuelve, entre otras cosas porque probablemente no sea la vía adecuada para resolverlo, pero la ley se crea, la intensificación de la presión jurídica se produce y la afección del derecho se garantiza. Sostiene GARLAND[7], que a partir del surgimiento de ese temor al delito *"se han desarrollado políticas particulares que no apuntan a reducir el delito, sino los niveles de temor"*, y a mi juicio debería incluirse también la *indignación*, por cuanto "*el sentimiento que atraviesa la política criminal es ahora con más frecuencia un enojo colectivo y una exigencia moral de retribución en lugar del compromiso por buscar una solución justa, de carácter social. La temperatura emocional de las políticas públicas se ha elevado*"[8].

Las leyes, y sobre todo las leyes que afectan a derechos fundamentales como es el caso del Derecho penal no pueden, mejor no deben, elaborarse como si de una producción en masa se tratara; deben responder a intereses reales y sobre todo, en relación con las leyes penales, responder a la protección de intereses. Eso es lo que hace una ley racional. Sin embargo, lo cierto es que cada vez mas es identificable una situación en la cual esa *racionalidad* no es tan evidente como parece. Señalaba GARLAND[9] que el control

---

7 GARLAND, *La cultura del control, ibidem.*
8 GARLAND, *La cultura del control, ibidem.*
9 GARLAND, *La cultura del control*, cit., pág. 49.

del delito estaba rodeado de un discurso altamente politizado y que el *"proceso de generación de las políticas públicas se ha vuelto profundamente* politizado y populista" en el que las opiniones de expertos, investigadores y profesionales pasan a un segundo plano, para priorizar intereses y beneficios políticos, económicos, ideológicos, etc., sustentándose, para ello, en la propia opinión pública que antes *"funcionaba como un ocasional freno de las iniciativas políticas; ahora opera como su fuente privilegiada"*[10]. O dicho de otra manera, las peticiones sociales ante determinadas preocupaciones (que no puede olvidarse, han sido potenciadas e incluso provocadas en gran parte de los casos por los propios operadores políticos, sociales o económicos atendiendo a sus correspondientes intereses) se convierten en la justificación de la creación de leyes penales y de un mayor intervencionismo estatal sin ningún tipo de reproche o restricción por esa misma sociedad que antes reclamaba grandes espacios de libertad[11]. Leyes penales que encuentran su principal fundamento en una *"visión del delito y de su persecución propia de un populismo autoritario"*[12], mediante la criminalización de una serie de comportamientos que, por diversas razones que esencialmente desembocan en un puritanismo extremo y en la identificación de la moralidad y de la honestidad como fundamentos legítimos de la legislación penal, se consideran como absolutamente rechazables y "odiosos", entre otras cosas porque así se lo han transmitido los medios de comunicación, los operadores políticos, sociales o económicos. Y esos términos de rechazables u odiosos para unos, serán diversos de aquellos que son rechazables para

---

10 GARLAND, *La cultura del control, ibidem.*

11 Afirma GARLAND, *La cultura del control*, cit., pág. 315 que *"luego de un proceso de larga duración de expansión de la libertad individual y de reducción de los constreñimientos sociales y culturales, el control está ahora recobrando su importancia en todas las áreas de la vida social, con la particular y sorprendente excepción de la economía, de cuyo dominio desregulado emergen habitualmente la mayor parte de los riesgos fundamentales contemporáneos"*.

12 SILVA SÁNCHEZ, *Malum passionis. Mitigar el dolor del Derecho penal*, Atelier, Barcelona, 2018, pág. 32.

otros, y con ello nos situaremos en un continuo devenir de legislación penal que, sin fundamento real alguno, sin embargo resultará absolutamente cambiante en atención a los intereses prioritarios en cada momento histórico concreto. Así, para unos serán intolerables y reclamarán una mayor intervención y presión penal los discursos extremos, para otros manifestarse ante clínicas de interrupción del embarazo, para otros el terrorismo (con una identificación muy amplia de lo que por tal deba entenderse), para otros la mera discrepancia con los parámetros morales dominantes, o, de igual forma, la corrupción. Se reclama, por tanto, en cada momento por un determinado sector, una legislación en ese sentido; legislación que no responde al debate y reflexión necesarias para la elaboración de una ley penal, que no identifica razones e intereses para justificar la necesidad de intervención, porque la decisión legislativa se deja en manos de quienes actúan movidos por sus intereses, lejos ya de aquellos momentos en los que las decisiones legislativas se articulaban sobre la base de la necesidad de intervención, el debate y la reflexión que respondían más adecuadamente a los principios de un Estado Democrático de Derecho. En palabras de SILVA SÁNCHEZ[13] *"por decirlo con cierta distancia, es frecuente que haya mejores argumentos de política criminal entre los académicos que entre los políticos; entre los expertos que entre los profanos. Ello es debido —además de al tiempo y al esfuerzo invertidos— a que la comunidad académica no renuncia a confrontar el Derecho penal positivo (la legislación penal) con un modelo normativo de Derecho Penal caracterizado por un ideal supralegal de racionalidad"*.

Surgen, de este modo, leyes penales que aparentemente solucionan el conflicto pero que no responden a los parámetros de racionalidad que las mismas deben revestir, como sostiene QUINTERO OLIVARES[14] al afirmar que la *irracionalidad de las leyes penales* quedaría oculta *"por la apa-*

---

13 SILVA SÁNCHEZ, *Malum passionis*, cit., pág. 54.

14 QUINTERO OLIVARES, "Las leyes penales, la irracionalidad y el consenso", cit., pág. 301.

riencia de «racionalidad» *que tiene el sistema jurídico formal, a lo que ha contribuido poderosamente la dogmática, pero eso no ha de tomarse como demostración de una racionalidad profunda"*, considerando que, en lo relativo a la ley penal y a la tipificación de comportamiento, *"la irracionalidad surge por doquier, por más que las diferentes reglas o criterios se presenten como expresiones de técnica jurídica, cuando pueden ser sustituidas por otras dependiendo de la libre voluntad del legislador"*, sobre todo cuando se trata de regulaciones de inspiración partidista, sectaria, ideológica o populista[15].

Y esta clara instrumentalización del *ius puniendi* en virtud de determinados intereses, compromisos políticos o ideas en determinados momentos, según le convenga al legislador o gobierno de turno, es lo que define a la actividad legislativa en la actualidad. Ciertamente, no puede sostenerse que exista una única vía de considerar lo que es legítimo o adecuado para garantizar la convivencia en el seno de una sociedad democrática, sino que son necesarias, aconsejables y sanas democráticamente distintas opiniones y posiciones respecto de aquello que resulta legítimo; pero lo que no puede ni debe perderse de vista en ningún momento es que por encima de todas esas perspectivas diferentes, o mejor dicho, amparando todas esas perspectivas diferentes, se encuentran los derechos fundamentales y las garantías democráticas que son valores obligados, irrenunciables e intangibles. O al menos debieran serlo.

El problema real es que al legislador le da lo mismo, sabe cuándo criminaliza los comportamientos que no resuelven el conflicto social, pero no le importa; sabe, cuando tipifica nuevas figuras delictivas, que atentan frontalmente contra derechos y garantías constitucionalmente protegidos, pero tampoco le importa[16]. En realidad sólo le importan dos cosas, el "efecto tranquilizador" respecto de la

---

15 QUINTERO OLIVARES, "Las leyes penales, la irracionalidad y el consenso", cit., pág. 302.

16 QUINTERO OLIVARES, "Las leyes penales, la irracionalidad y el consenso", cit., pág. 302.

ansiedad que el fenómeno concreto está provocando en la sociedad, y la ocultación de su propia responsabilidad respecto de la incapacidad de resolver, como es su obligación constitucionalmente prevista, los problemas estructurales y sociales que surjan[17]. Creada e incrementada esta situación de ansiedad, miedo o preocupación, la única opción viable es la eliminación de quienes la provocan, ya sea mediante opiniones, ya sea mediante conductas o ya sea mediante el silencio, como será el caso de los supuestos que se traten en el presente trabajo o, incluso, de quienes defienden la ilegitimidad de esa inocuización bajo el riesgo de convertirse en otro elemento potencialmente peligroso que, igualmente, debe ser erradicado[18].

Son muchos los ejemplos de nuevas conductas típicas que afectan con mayor o menor intensidad, directa o indirectamente, al legítimo ejercicio de los derechos fundamentales, y que en el caso del delito que se analizará en esta obra, responde esencialmente a la preocupación creada por operadores políticos y sociales y potenciada por los medios de comunicación relativa al fenómeno de la corrupción. De este modo, se ha trasladado a la ciudadanía el convencimiento de que nos encontramos en un país endémicamente corrupto, donde en todos los ámbitos sociales y niveles se producen a diario conductas corruptas. A mi juicio, nada más lejos de la realidad. Es innegable la existencia en nuestro país de algunos (bastantes) casos de corrupción, pero ello no implica que exista una corrupción endémica que se produzca a diario y afecte a todos los estratos y niveles.

---

17 Es lo que PAREDES CASTAÑÓN, "Terrorismo y principio de intervención mínima: una propuesta de despenalización", en *Terrorismo, Sistema penal y derechos fundamentales*, Alonso Rimo/Cuerda Arnau/Fernández Hernández (direct.), Tirant lo Blanch, Valencia, 2018, pág. 63, denominó *pánico moral* que implica concentrar la atención de la ciudadanía en determinados comportamientos, dejando otros problemas más serios e importantes opacados.

18 PAREDES CASTAÑÓN, "Terrorismo y principio de intervención mínima", cit., pág. 66.

Dicho en un lenguaje más gráfico, podemos identificar varios asesinatos en serie, pero no la existencia de genocidio.

Resulta innegable, por evidente, que la corrupción ha sido uno de los principales focos de preocupación por parte de los Estados ya desde antiguo, esencialmente por lo que se refiere a su vertiente pública al afectar a uno de los más importantes y fundamentales pilares de toda sociedad y de todo sistema democrático: el correcto funcionamiento de la Administración Pública y la confianza de la ciudadanía en la misma[19]. Porque, además, como señala GARCÍA ARROYO[20] *"una de las principales características del fenómeno de la corrupción es que parece ser endémica, en cuanto que un número pequeño de casos puede trasladar una imagen de un servicio público, de una Administración Pública o de un Estado absolutamente deteriorada y disfuncional, sin que ello tenga que, necesariamente compadecerse con la realidad"*, porque, como acertadamente sostiene esta autora, *"la existencia de varios casos de corrupción, no implica que pueda afirmarse de manera cierta que el sistema se encuentra corrupto; pero indudablemente, se corresponda o no con la realidad, esa es la imagen que se traslada a la sociedad"*[21].

Afirma OLAIZOLA NOGALES[22] que en nuestro país existe un problema con la corrupción y, más en concreto, con la corrupción política. Y no puede negarse que la realidad mediática de los últimos años ha puesto en evidencia sucesivos y diversos casos de corrupción en los que se encontraban implicados agentes de los más diversos ámbitos político, sociales y jurídicos, llegando incluso a concernir a la Monarquía en la persona del anterior Jefe del Estado y ello ha afectado, gravemente, a la confianza que los ciudadanos tienen depositadas en todas esas instituciones del

---

19 NÚÑEZ CASTAÑO, "Prólogo" a GARCÍA ARROYO, *Los delitos de cohecho antecedente*, Aranzadi, Cizur Menor, 2021, pág. 17.

20 GARCÍA ARROYO, *Los delitos de cohecho antecedente*, Aranzadi, Cizur Menor, 2021, pág. 26.

21 GARCÍA ARROYO, *Los delitos de cohecho antecedente, ibidem,*

22 OLAIZOLA NOGALES, "El delito de enriquecimiento ¿no justificado? ¿ilícito?", en *Revista Penal*, nº 52, julio 2023, pág. 182.

Estado. Pero, probablemente, si analizáramos de manera detenida alguna de esas conductas, por ejemplo, la llevada a cabo por el anterior Jefe de Estado de nuestro país en relación con el hecho de recibir diversas comisiones por su intervención en la concesión de determinados contratos y negocios para empresas españolas en otros países, sería difícil apreciar algún tipo de perjuicio para el Estado o los ciudadanos españoles, e incluso sería complicado afirmar la concurrencia de los elementos típicos de algún delito en concreto (salvo, eso sí, de un delito fiscal). Aceptada esa realidad, surge otra que resulta igualmente innegable, y es que la conducta realizada sí ha afectado gravemente a la percepción que la sociedad española tenía de la Monarquía y de su titular en ese momento; afección que ha supuesto un grave deterioro de la confianza en la misma y de su imagen pública, porque evidentemente la honestidad y la honradez, así como la erradicación de toda arbitrariedad e incluso de su apariencia son los pilares básicos con los que se concibe el funcionamiento de un Estado de Derecho[23].

Resulta, por tanto, innegable que, en este caso concreto, la "apariencia de realidad" en el sentido de que nos encontramos en un sistema endémicamente corrupto que ha determinado la pérdida de confianza de los ciudadanos en las instituciones, se ha convertido en un problema, en una preocupación real, respecto de la que se exige una solución. Cuestión distinta es si el problema en sí es tan grave o si realmente ha sido exponencialmente incrementado por las conductas de operadores políticos, sociales y mediáticos. Sea como sea, lo cierto es que desde todas las instancias legislativas, nacionales e internacionales, se ha planteado una indiscutible necesidad de lucha contra la corrupción y cualquier tipo de manifestación de la misma, señalando la obligación de *"incrementar las medidas de control en determinados ámbitos"*[24]. La cuestión por determinar será si para

---

23 NÚÑEZ CASTAÑO, "Prólogo", cit., pág. 18.

24 OLAIZOLA NOGALES, "El delito de enriquecimiento ¿no justificado? ¿ilícito?", *ibidem*.

ello es absolutamente preciso recurrir al Derecho penal y no existen otros medios menos coercitivos y excepcionales para solucionar el conflicto.

Pero la realidad es terca, y en esa situación en la que nos encontramos del "todo vale" para luchar contra aquello que se percibe como preocupación o como peligro para un sistema democrático, con independencia de que, en algunos casos, como es el del delito que se analiza en este trabajo, contribuyan de hecho a socavar ese Estado democrático, tanto la normativa internacional, como las legislaciones nacionales no escatiman esfuerzos ni regulaciones en aras de erradicar por completo la corrupción y cualquiera de sus manifestaciones. Y tampoco tienen excesivos escrúpulos, a mi juicio, a la hora de la técnica legislativa empleada para regular los instrumentos que se quieren implantar en la lucha contra la corrupción, que se realizan sin reflexión y debate, sin comprobar que responde a los parámetros de un Estado de Derecho y sin comprobar si la regulación que, finalmente se le otorga, resulta o no compatible con los derechos y libertades constitucionalmente protegidos. Es el planteamiento tradicional de la eficacia vs. la legitimidad; la concepción claramente instalada de que para hacer frente a determinados problemas, las garantías y los derechos aparecen como obstáculos que pueden ser flexibilizados u obviados a fin de conseguir las metas que se pretenden.

Y en relación con este tema, se plantea la concreta preocupación de sancionar no sólo los actos de corrupción propiamente dichos, sino también cuando los servidores públicos que se convierten en cualificados garantes del correcto y honesto funcionamiento del sistema de un Estado, tienen un incremento patrimonial desmesurado incompatible con sus ingresos legítimos. Probablemente, o mejor dicho seguramente, este enriquecimiento proceda de un delito previo relacionado directamente con un ilícito penal que responda al fenómeno de la corrupción. Pero también es cierto que, en numerosas ocasiones, ese delito previo resulta difícil de probar y, en consecuencia, no podría inculparse al servidor público involucrado en el mismo. La sensación de impunidad que con ello podría trasladarse a la sociedad no resulta tolerable para los Estados, y, desde esta perspectiva, se buscan "soluciones alternativas" para poder sancionar, vía indirecta mediante la criminalización relativa al incremento patrimonial desproporcionado aquello que, de manera directa, no se ha podido demostrar pero se presume. Cualquiera que sea la concreta técnica legislativa o forma de regular este comportamiento, como se expondrá, planteará graves problemas de colisión con derechos constitucionalmente protegidos, porque, en mi opinión, hay dos aspectos esenciales que no deberían poder eludirse en un Estado de Derecho: en primer lugar, que los delitos deben ser probados y, en consecuencia, no resultaría legítimo basarse en presunciones que, por mucho que se conciban como *iuris tantum,* determinarían una colisión con la presunción de inocencia y una inversión de la carga de la prueba que no resulta compatible con nuestra Constitución; y ello nos lleva al segundo de los aspectos a tomar en consideración, que nuestro Texto Fundamental impide que el ejercicio de un derecho fundamental sea considerado delito, o que se obligue a renunciar al mismo de manera coercitiva, por ejemplo, obligando a declarar a quien se niega a aportar datos que puedan servir como indicios de su presunta participación en un delito bajo el riesgo de sufrir la imposición de una pena por su comportamiento; mayor coerción que la amenaza penal resulta, a mi juicio, difícil de imaginar.

Ahora bien, a pesar de todo lo expuesto, el fenómeno de la corrupción, la preocupación de la ciudadanía por el mismo, la petición a los Estados de su erradicación, fundamenta un intervencionismo en el sentido de criminalizar todo aquello que de un modo u otro implique cierto grado de conexión (o de sospecha de conexión) con la misma. En la lucha contra la corrupción todo vale, la criminalización de comportamientos que se basan en meras presunciones y se acercan preocupantemente a los delitos de sospecha, o la coerción al inculpado a fin de que renuncie a ejercitar un derecho constitucional bajo la amenaza de ser sancionado con una pena por ello. Es decir, la criminalización del silencio, del derecho a no declarar contra sí mismo o a no autoincriminarse, en definitiva, la criminalización de diversas manifestaciones instrumentales del derecho de defensa.

Sin embargo, sean cuales sean las críticas o consideraciones de una constitucionalidad cuestionable, lo cierto es que nuestro legislador ha procedido a incorporar ese tipo de figuras delictivas, a fin de poder solventar las dificultades que conlleva la demostración de que el enriquecimiento patrimonial del servidor público procede de un delito previo de corrupción, o de cualquier otro delito previo. Y, por ello, la LO 14/2022, de 22 de diciembre introduce una novedosa figura delictiva en nuestro ordenamiento jurídico de forma silenciosa, esto es, sin darle prácticamente publicidad alguna, a pesar de que se trata de un tipo penal que ha generado a lo largo de los años importantes controversias respecto a su regulación. De hecho, puede fácilmente constatarse que la sanción del denominado enriquecimiento ilícito ha tenido un elevado grado de aceptación en países de América latina, pero en la Unión Europea mayoritariamente se rechazaba su tipificación en esencia por problemas derivados directamente de la colisión con la presunción de inocencia[25]; de hecho, sólo algunos países de la UE recogen de forma variada esta figura específica[26]. El punto de inflexión en este sentido, ha venido marcado por la regulación que se ha llevado a cabo en la legislación

[25] RAGA VIVES, "Del enriquecimiento ilícito a la desobediencia por enriquecimiento injustificado de autoridades", en *Revista General de Derecho Penal*, nº 39, 2023, p. 3.

[26] Así, por ejemplo, Francia y Luxemburgo castigan el delito de posesión injustificada de bienes, pero sólo en aquellos supuestos en los que se demuestre que el sujeto mantiene vínculos con personas que se dediquen a cometer actividades delictivas; Lituania, si sanciona el patrimonio injustificado, pero debe ser la acusación quien demuestre que ese incremento patrimonial resulta ilícito. Rechazan claramente la posibilidad de sanción de esta conducta por vulneración de la presunción de inocencia e incompatibilidad con sus Constituciones, EEUU, Canadá, Austria, Suecia, Italia. Y en esta línea se encontraba la legislación española hasta la LO 14/2022.

portuguesa en la que, tras dos declaraciones de inconstitucionalidad de distintas regulaciones de este delito, ha optado por configurarlo como un delito de desobediencia[27], queriendo entender que de este modo se eludía la incompatibilidad con la Constitución y la vulneración de la presunción de inocencia. Este es el camino, como se expondrá, que ha seguido el legislador español tras la reforma de la LO 14/2022.

En realidad, toda esta problemática parte, desde hace ya dos décadas de la Convención de las Naciones Unidas contra la Corrupción (CNUCC) acordada por la Resolución 58/4 de la Asamblea General, de 31 de octubre de 2003, mediante la que se *insta* a los Estados miembros a tomar en consideración el hecho de penalizar la conducta de enriquecimiento ilícito como medida para hacer frente a la corrupción[28]. Dos aspectos absolutamente relevantes pueden ponerse de relieve en este punto y que, en mi opinión, no deben perderse de vista en ningún momento a la hora de una regulación típica de estos comportamientos: en primer lugar, como establece la propia Convención (e igualmente dispone el Preámbulo de la LO 14/2022), se concibe como un instrumento de lucha contra la *corrupción*, y este aspecto no resulta en absoluto neutro, por mucho que pretenda sostenerse que la *ratio criminis* de la reforma o de la nueva criminalización no tiene por qué corresponderse con el contenido material del injusto que se incorpora al ordenamiento jurídico. Si ello fuera así, es decir, si existiera una absoluta desconexión entre la razón por la que se criminaliza y la descripción típica concreta surge, a mi juicio, una pregunta inmediata: ¿para que se indica entonces en la propia norma de reforma el motivo o la finalidad directa de la modificación o de la creación del concreto tipo penal si ello no va a servir como pauta interpretativa del delito

---

27 Art. 18 de la Ley nº 52/2019, de 31 de julio, que sanciona la Desobediencia cualificada y ocultación intencional de patrimonio.

28 Esta Convención fue firma por España el 16 de septiembre de 2005, y ratificada el 9 de junio de 2006, BOE, nº 171 de 19 de julio de 2006, entrando en vigor el mismo día de su publicación en el BOE.

en cuestión o de sus elementos? En mi opinión, aquello que se establece en el Preámbulo de la ley es una suerte de "interpretación auténtica" de la concreta figura típica en el sentido de que nos indica las razones o finalidades que perseguía el legislador con esa concreta regulación. Y si ese es el sentido del Preámbulo, y entiendo que no puede ser otro diverso porque ello implicaría que no existiese razón alguna para incorporarlo al texto de la norma penal, todos los elementos típicos del delito en concreto deben interpretarse desde la perspectiva teleológica establecida en dicho Preámbulo.

En consecuencia, si la razón básica de la Resolución 58/4, al igual que la contenida en el apartado VII del Preámbulo de la LO 14/2022[29], radica en la lucha contra la corrupción, en mi opinión, debe realizarse una conexión causal entre la *ratio criminis* expresada y la interpretación del concreto delito que se analiza; de manera que, si se trata de sancionar un enriquecimiento injustificado, debería quedar constatado, a fin de responder a esa interpretación teleológica de la que hablamos, que el incremento patrimonial del servidor público debe guardar algún tipo de relación respecto del fenómeno de la corrupción, es decir, la ilicitud de los bienes que posea el sujeto debe derivarse exclusivamente de acciones que guarden relación con la misma[30]. Considero que si sostenemos una interpretación

---

29 Entiendo que no puede deducirse otra finalidad diversa de lo expresado en el párrafo primero del Apartado VII del Preámbulo de la Ley, cuando afirma que *"España incorpora así un figura de vanguardia para la lucha contra la corrupción"*. No se deduce del referido apartado ninguna otra finalidad o motivo de la criminalización, por ejemplo, el principio de autoridad (tradicional interés reflejado en los delitos de desobediencia) o el deber de trasparencia (que considero se encuentra perfectamente protegido por la normativa administrativa sancionadora)

30 Sin embargo, como veremos, la regulación típica no identifica esta ratio criminis, de hecho el enriquecimiento injustificado podrá provenir de cualquier actividad, lícita o ilícita, vinculada con la corrupción o no en tanto que se alega que lo que se protege es el incumplimiento de la obligación legal de transparencia. Todo ello será analizado con posterioridad pero si es preciso señalar aquí que

diversa, en realidad no estaríamos castigando comportamientos que impliquen una manifestación de la corrupción de modo que se pueda afirmar que el nuevo tipo penal constituye un instrumento de lucha contra la misma, sino que estaríamos sancionando comportamientos compuestos por dos elementos: un enriquecimiento y una negativa a justificar su origen, obviamente en aquellos casos en los que por la existencia de un específico deber de transparencia existe obligación de hacerlo. Pero es necesario realizar aquí, a mi juicio, dos consideraciones: la primera es que, en mi opinión, la infracción del deber de transparencia y la negativa a justificar el incremento patrimonial que tienen perfecta sanción vía Derecho administrativo, no conllevan el suficiente desvalor como para considerarlos como fundamento del nuevo delito de enriquecimiento injustificado, por cuanto, como señala OLAIZOLA NOGALES[31] llegar a considerar irrelevante el origen lícito o ilícito del incremento patrimonial, podría implicar que el delito se convierta *"en un delito de quebrantamiento formal de un deber"*, sin otro contenido, ni desvalor diverso que constituyan el injusto típico.

Es por ello que, a mi modo de ver, el origen de los bienes, por la propia regulación de la Resolución 58/4 y del Preámbulo de la LO 14/2022, no es irrelevante ni neutro, sino que se convierte en uno de los presupuestos previos

---

no considero que una teórica obligación legal de transparencia que concurre en determinados cargos públicos pueda fundamentar la introducción de un tipo penal que sancione el comportamiento de incumplimiento, principalmente porque como señala OLAIZOLA NOGALES, "El delito de enriquecimiento ¿no justificado? ¿ilícito?", cit., pág. 194, *"la transparencia no es un bien jurídico que merezca protección penal, sino un medio para conseguir determinados fines"*, y ello sólo debe ser objeto de sanción administrativa. Elevarlo a la categoría de delito implicaría sancionar penalmente una mera infracción formal, sin ningún objeto concreto de tutela penal. No resulta algo novedoso en nuestro texto legal en el que las infracciones meramente formales cada vez proliferan más, pero si ello conlleva la lesión de algún derecho o garantía, el problema se agrava notablemente.

31 OLAIZOLA NOGALES, "El delito de enriquecimiento ¿no justificado? ¿ilícito?", cit., pág. 194.

necesarios para la justificación del tipo penal; y si convertimos la corrupción e ilicitud del origen de los bienes en el eje sustantivo de este delito en realidad lo que estamos haciendo es "presumir" la existencia de un delito (de corrupción) previo que no ha podido demostrarse, pero que se puede suponer o derivar de la existencia de ese enriquecimiento que no se quiere justificar. Con ello, aunque ya no sea de manera tan clara a como se planteaba con anterioridad, de manera indirecta se estaría partiendo de dos elementos claves: la sospecha de que existe un acto de corrupción previo, y la sospecha de que los bienes proceden de actividades ilícitas o delictivas.

El segundo de los aspectos relevantes que se derivan de lo establecido en el art. 20 de la Convención es que la regulación en cada una de las legislaciones nacionales debe realizarse *"con sujeción a su constitución y a los principios fundamentales de su ordenamiento jurídico, cada Estado Parte considerará la posibilidad de adoptar las medidas legislativas y de otra índole que sean necesarias para tipificar como delito, cuando se cometa intencionalmente, el enriquecimiento ilícito, es decir, el incremento significativo del patrimonio de un funcionario público respecto de sus ingresos ilegítimos que no pueda ser razonablemente justificado por él"*; es decir, la Convención no impone una obligación de regulación, sino que insta a los Estados a que tomen en consideración la posibilidad de incorporar la figura en cuestión a sus ordenamientos jurídicos *siempre y cuando ello sea compatible con su Constitución y los principios fundamentales* que inspiran su ordenamiento jurídico[32], cosa que, a mi juicio resulta cuanto menos cuestionable en el caso de la figura delictiva incorporada por la LO 14/2022. Al margen de la configuración típica que se ha establecido en concreto en la LO 14/2022, lo que resultaba notorio eran los graves problemas de constitucionalidad que el delito de enrique-

32 En esta misma línea se expresa la Convención Interamericana contra la corrupción (CICC) de 1996 al señalar que cada Estado considerará previamente si el delito de enriquecimiento ilícito se adecúa a la Constitución y a los principios que rigen su ordenamiento jurídico antes de ser incorporado a su legislación penal.

cimiento ilícito, en su configuración tradicional propuesta por el CNUCC, suscitaba en esencia en relación con el principio de presunción de inocencia; problemas que han determinado que la mayoría de los países de la UE rechacen su incorporación como delito, y que otros, como es el caso de Portugal, tras dos declaraciones de inconstitucionalidad, proceda a otorgarle una forma diversa que, en el fondo, no es sino sancionar la posesión de un patrimonio cuyo origen se presume ilícito pero que conlleva claros problemas probatorios respecto de la existencia de un delito antecedente del cual puedan derivarse[33].

Pero no sólo la mayoría de los países de nuestro entorno se han decidido por la no incorporación de este tipo penal, sino que en nuestro país, tanto la doctrina como la jurisprudencia se han opuesto tradicionalmente al mismo por implicar importantes problemas de constitucionalidad[34] en tanto que se establecía una presunción contraria esencialmente al derecho de presunción de inocencia[35]. Volveremos sobre ello.

---

33 Así lo afirma categóricamente RAGA VIVES, "Del enriquecimiento ilícito a la desobediencia", cit., pág. 2; FERNÁNDEZ LÓPEZ, "Las presunciones en el proceso penal. Análisis a propósito del delito de enriquecimiento ilícito", en *Justicia penal y nuevas formas de delincuencia*, Asencio Mellado (direct.), Tirant lo Blanch, Valencia, 2017, pág. 273.

34 BLANCO CORDERO, "El debate sobre la necesidad de castigar penalmente el enriquecimiento ilícito de empleados públicos", *Revista Electrónica de Ciencia Penal y Criminología*, 19-16, 2017, págs. 20 y ss.; FABIÁN CAPARRÓS, "Apuntes críticos sobre la posible tipificación del delito de enriquecimiento ilícito en España", en *Corrupción: compliance, represión y recuperación de* activos, Rodríguez García/Carrizo González Castell/Rodríguez López (edts.), Tirant lo Blanch, Valencia 2019, págs. 604 y ss. Y, entre otras, la STS de 27 de octubre de 2022 *(Tol 9284246)*.

35 De ahí la categórica afirmación de GONZÁLEZ CUSSAC, *Derecho Penal, Parte Especial*, 8ª ed., en González Cussac (coord.) Tirant lo Blanch, Valencia, 2023, pág. 782, que sostiene que *"la fórmula empleada en el texto internacional es de difícil acomodo con las exigencias constitucionales sobre la presunción de inocencia"*.

Esta clara oposición mayoritaria a la incorporación de una figura delictiva cuya constitucionalidad era muy cuestionable, determinó al legislador español a, al menos de manera aparente, variar el eje de la regulación típica, siguiendo para ello el camino establecido previamente por la legislación portuguesa, y configurarlo como un delito de desobediencia, considerando que, con ello, se eludirían los problemas de compatibilidad constitucional que se alegaban hasta ese momento. De manera que la LO 14/2022, introduce el delito de enriquecimiento ilícito o injustificado[36], en el art. 438 *bis* CP, en el Capítulo VIII, del Título XIX entre los Delitos contra la Administración Pública, sancionando a la autoridad que en determinadas circunstancias, *se negara abiertamente a dar el debido cumplimiento a los requerimientos de los órganos competentes destinados a comprobar su justificación.* De esta regulación típica se derivan diversas consecuencias, la primera es que las conductas que se sancionan, en principio, nada tienen que ver ya con la recomendación contenida en el art. 20 de la CNUCC en la que, como se ha señalado, lo que se sanciona es el incremento del patrimonio derivado de unos ingresos ilegítimos, esto es, que tengan un origen ilícito. En realidad, ya se expuso que la esencia fundamental del delito de enriquecimiento ilícito propuesto por la normativa internacional radica en

---

36 En realidad el delito tanto en el Preámbulo de la LO 14/2022, como en el precepto se denomina como enriquecimiento ilícito, ahora bien, tal como se expondrá, aunque el espíritu de la regulación penal pudiera ser el castigo de bienes de origen ilícito, sin embargo la regulación típica para nada hace referencia a cual sea el origen de los bienes, de manera que se sanciona la no "justificación" de la procedencia de aquellos que no hayan sido declarados. Precisamente por ello es cuestionable su denominación como enriquecimiento ilícito, y quizás fuera más aconsejable la de enriquecimiento injustificado, cfr. OLAIZOLA NOGALES, "El delito de enriquecimiento ¿no justificado? ¿ilícito?", cit., pág. 181; en el mismo sentido, GONZÁLEZ URIEL, "La controvertida incorporación del mal llamado delito de enriquecimiento ilícito en el art. 438 bis del Código Penal", en *Revista Aranzadi Doctrinal*, 7, 2023, pág. 9, señalando que *"el legislador incurre en una severa discordancia a la hora de fijar el* nomen iuris *de este delito".*

dos aspectos esenciales: la lucha contra la corrupción, y la imposibilidad de probar el delito previo que diera origen a los bienes o la existencia de un delito de blanqueo.

A nada de esto, al menos en apariencia, responde la figura delictiva contenida en el nuevo art. 438 *bis* CP, que nuestro legislador ha decidido configurar como delito de desobediencia, donde, al menos de manera expresa y aparente, el núcleo no lo constituye el origen lícito o ilícito de los bienes que determinan el enriquecimiento, sino la negativa a aportar información sobre el mismo y a justificarlo, es decir, se configura como un delito de desobediencia, en un intento de salvar la vulneración de la presunción de inocencia que conllevaría presumir que el incremento patrimonial tiene causa en bienes de origen ilícito. Al margen de que entiendo que no es del todo así, lo que si resulta obvio en mi opinión es que, incluso aceptando que pudiera eludirse la lesión de la presunción de inocencia, esta sanción de quien no da razón ni justificación de la procedencia de su patrimonio si podría colisionar con otro derecho fundamental, como es el derecho de defensa y sus manifestaciones instrumentales del derecho a guardar silencio y a no autoincriminarse.

A todo ello se hará referencia a lo largo de todo este trabajo, pero quisiera, de modo previo, realizar algunas matizaciones que considero necesarias como punto de partida en el análisis que se va a realizar tanto respecto del contenido como respecto de la posible adecuación constitucional o no del nuevo delito incluido en el art. 438 *bis* CP por la LO 14/2022. La primera es que nuestro ordenamiento jurídico establece que gozamos de un sistema acusatorio y ello conlleva una clara consecuencia o limitación en la actuación del Estado y de la Administración de justicia como es que el principio de presunción de inocencia debe ser prioritario en cualquier situación que pueda plantearse; en consecuencia, la carga de la prueba recae en quien acusa y no en quien es acusado, esto es, no resulta constitucionalmente sostenible una inversión de la carga de la prueba, sean cuales sean los motivos político-criminales, o mejor dicho, políticos a secas, o de eficacia y utilidad que inspiren esa tendencia. La segunda, es que tampoco es posible, desde la perspectiva constitucional, que alguien pueda ser obligado a aportar pruebas que contribuyan a imputarle una infracción del tipo que sea (administrativa sancionadora, penal, etc.). Se podrá sancionar (generalmente por la vía administrativa) por el incumplimiento de un deber específico de colaborar con la administración cuando se haya demostrado que ello ha ocurrido, resultando suficiente con el hecho de que ante el requerimiento o notificación para que cumpla se infrinja la obligación que le compete. Pero ello, por lo menos a mi juicio, implica que se planteen importantes problemas cuando, caso de no colaborar (conducta que se podrá sancionar por vía administrativa), esa falta de colaboración se configure como un delito por desobediencia, por cuanto esa desobediencia, es decir, esa falta de justificación cuando se requiere al sujeto obligado, es el elemento esencial del tipo penal, pero, al mismo tiempo, constituye un derecho fundamental derivado del derecho de defensa y sus manifestaciones (derecho al silencio, a no declarar contra uno mismo, a no autoincriminarse) que entiendo aplicables también en relación con el derecho administrativo sancionador[37], aspecto éste que ya fue puesto de relieve por la Sentencia del Tribunal Constitucional nº 18/1981, de 8 de junio, al señalar en su Fundamento Jurídico Segundo que *"los principios inspiradores del orden penal son de aplicación, con ciertos matices al derecho administrativo sancionador, dado que ambos son manifestaciones del ordenamiento punitivo del Estado"*. Señala PICÓN ARRANZ[38] que *"el dere-*

---

37 Así, GÓMEZ TOMILLO/SANZ RUBIALES, *Derecho administrativo sancionador, Parte General*, 4ª ed., Aranzadi, Cizur Menor, 2017, págs. 115 y ss.; GARCÍA DE ENTERRÍA/FERNÁNDEZ RODRÍGUEZ, *Curso de Derecho Administrativo*, tomo II, 16ª ed., Civitas, Cizur Menor, 2020, pág. 218; PICON ARRANZ, "El derecho a la no autoincriminación en el procedimiento administrativo sancionador: un estudio a la luz de la jurisprudencial del TJUE", en *Revista de Estudios europeos*, vol. 79, enero-junio, 2022, pág. 377.

38 PICON ARRANZ, "El derecho a la no autoincriminación en el procedimiento administrativo sancionador", cit., pág. 378 y 379.

cho a permanecer en silencio y a no declarar contra uno mismo no puede presentar un contenido o intensidad diferentes en el ámbito penal o en el ámbito administrativo sancionador", sosteniendo que *"puede ser plenamente invocable el derecho a no declarar contra uno mismo cuando, pese a no estar formalmente incurso en un procedimiento de naturaleza sancionadora, la Administración requiere una documentación a un sujeto con un fin exclusivamente incriminatorio"*.

En definitiva, tanto en relación con el ámbito administrativo sancionador, como, evidentemente, el ámbito penal, la no colaboración con la Administración, el derecho al silencio y el derecho a no declarar amparan a los ciudadanos que se vean incursos en ese tipo de procedimientos, y no puede obligarse en modo alguno y menos mediante la criminalización de las conductas no cooperadoras, el ejercicio de los mencionados derechos. Señalaba, muy acertadamente ALCACER GUIRAO[39] que *"una conducta que menoscaba un derecho fundamental ajeno no puede al mismo tiempo ser ejercicio de un derecho fundamental"*, lo que conlleva, de inmediato, la otra cara de la moneda, esto es, que *el ejercicio legítimo de un derecho fundamental nunca puede ser delito*[40].

Como puede observarse, son muchos los cuestionamientos que se plantean en relación con el nuevo delito de enriquecimiento injustificado, y que se tratarán de analizar en este trabajo, sin intención absoluta de exhaustividad, pero sí tratando de poner de relieve los principales y más conflictivos aspectos en relación con la nueva regulación típica.

---

39 ALCACER GUIRAO, "Opiniones constitucionales", en *InDret*, nº 1, enero, 2018, pág. 26.

40 NÚÑEZ CASTAÑO, "Discurso terrorista y libertad de expresión en el delito de enaltecimiento del terrorismo", en *La represión y persecución penal del discurso terrorista*, Galán Muñoz/Gómez Rivero (direct.), Tirant lo Blanch, Valencia, 2022, pág. 571.

II. La conflictiva relación del enriquecimiento injustificado y los derechos fundamentales

1. CONSIDERACIONES PREVIAS

Al margen de la regulación típica del delito de enriquecimiento injustificado, y antes de entrar en el concreto análisis del tipo penal, creo que resulta necesario realizar algunas precisiones tanto sobre la *ratio criminis* de la nueva regulación, como sobre la incidencia que la misma, sea cual sea su naturaleza o estructura, pudiera implicar, al menos en mi opinión, respecto de los derechos fundamentales constitucionalmente protegidos.

Por lo que se refiere a la primera de las cuestiones, esto es, la razón por la cual se incorpora este precepto a nuestro ordenamiento jurídico, son varias las consideraciones se pueden realizarse. Como señalamos, la recomendación de la sanción de los casos en los que en determinados sujetos (concretamente las autoridades) ostenten un incremento de su patrimonio que no se corresponde con su nivel de ingresos legítimos, encuentra su principal fundamento en dos pivotes: la lucha contra la corrupción y la dificultad de poder probar el origen ilícito del enriquecimiento del sujeto, generalmente la existencia de un delito previo del cual se deriven esas ganancias ilícitas. Ello implica, a mi juicio, que nos encontraríamos ante un delito meramente instrumental encaminado de manera principal a tratar de salvar la posible impunidad respecto de delitos de corrupción cuya prueba resulta altamente complicada. A partir de aquí, y con ese claro e innegable fundamento, todo lo demás, es decir, todas las regulaciones típicas están encaminadas a tratar de eludir el posible problema de inconstitucionalidad que se plantearía en relación con la sanción de un enriquecimiento que no tenga un origen justificado. Para ello, en nuestra legislación se ha optado por dotarle de una estructura y naturaleza de delito de desobediencia, de modo que, en realidad, lo que aparentemente se sanciona es la negativa a dar información sobre el origen del incremento patrimonial cuando existe una obligación de hacerlo y el deber de transparencia, aspectos que, como se expondrá, también resultan altamente cuestionables incluso en relación con las autoridades o los funcionarios públicos. Sin embargo, lo que detrás de este aparente delito de desobediencia subyace es la "presunción" de que el incremento del patrimonio, aunque no se diga expresamente, tiene un origen ilícito y por ello se crea la posibilidad de sancionar vía desobediencia lo que no se ha podido probar vía corrupción, por ejemplo. Es decir, en el fondo, y aunque en apariencia no tenga esta configuración, considero que nos encontramos ante un ilícito penal cuyo fundamento principal es la *sospecha* de un comportamiento ilícito por parte del sujeto activo, previo a la verificación de la conducta típica sancionada en el art. 438 *bis* CP.

La existencia de esta *ratio criminis* viene avalada por el propio Preámbulo de la LO 14/2022, donde en su apartado VII se afirma de manera tajante que *"España incorpora así una figura de vanguardia para la lucha contra la corrupción siguiendo diversas recomendaciones y tendencias internacionales y europeas, entre las que destacan la de Naciones Unidas a través de la Convención contra la corrupción del año 2003, la Comunicación de la Comisión al Parlamento Europeo y al Consejo, de 20 de noviembre de 2008, relativa a la creación de un delito que penalizase la posesión de bienes injustificados para luchar contra la criminalidad organizada, así como el anuncio de la presidenta de la Comisión Europea en el año 2022 de la intención de reforzar la lucha contra la corrupción en materia de enriquecimiento ilícito"*. En resumen, como puede apreciarse, el fundamento de la regulación penal de estos comportamientos sigue siendo el mismo que desde el 2003 ha presidido la tipificación de esta figura delictiva, es decir, la lucha contra la corrupción y la criminalidad organizada mediante la sanción de un incremento injustificado del patrimonio de los sujetos a causa de la dificultad de probar el delito previo. Sobre esta base, al menos a mi juicio, se produce una distorsión entre lo que se expone como motivo de criminalización del comportamiento, que es la lucha contra la corrupción y la sanción, por tanto, del enriquecimiento que proceda de unas ganancias ilícitas con un origen delictivo (enriquecimiento ilícito), y lo que se tipifica expresamente en el art. 438 *bis* CP, donde sin realizar, al menos aparentemente presunción de ilicitud alguna, se sanciona la no justificación del origen de los bienes cuando el sujeto haya sido requerido para ello (enriquecimiento injustificado). Se plantean, en consecuencia, diversas cuestiones a las que se hará referencia con posterioridad, algunas relativas al propio *nomen iuris* del delito, y otras que se tratarán en el análisis del tipo penal, como es cual sería el concreto bien jurídico, la naturaleza del deber que se presume vulnerado, y el hecho de si el origen de los bienes debe o no ser necesariamente ilícito o delictivo.

Efectivamente, la incorporación a los ordenamientos jurídicos de un delito de enriquecimiento ilícito que sancionara *"el incremento significativo del patrimonio de un funcionario público respecto de sus ingresos legítimo que no pueda ser razonablemente justificado por él"*, según se deriva del art. 20 CNUCC, permitía la identificación de cuatro elementos básicos: que se trate de un funcionario público, que tenga un incremento significativo de patrimonio, que no exista o no aporte justificación para dicho incremento, y que sea una conducta dolosa[41]. Ello implicaba su configuración como delito de sospecha, es decir, el elemento nuclear del delito era la existencia un incremento patrimonial que no se había justificado y, por tanto, se presumía de origen ilícito o delictivo, de manera que tenía que ser el propio sujeto que se había enriquecido quien debía demostrar que esos

---

41 VILLEGAS GARCÍA, "El delito de «enriquecimiento ¿ilícito?» del artículo 438 bis del Código Penal", en *Diario La* Ley, nº 10278, Sección Doctrina, 3 de mayo de 2023, *La Ley 3408/2023*, pág. 3.

bienes tenían un origen licito, determinando con ello una clara inversión de la carga de la prueba y, en consecuencia, la vulneración de la presunción de inocencia[42] e, incluso, el derecho a no declarar contra sí mismo como manifestación del derecho de defensa, que como se expondrá también estaría en cuestión con la regulación finalmente adoptada. En definitiva, era el mero incremento patrimonial significativo el que configuraba el tipo penal.

Tradicionalmente la doctrina se dividía ante esta posibilidad[43]: un sector consideraba que la incorporación del delito de enriquecimiento ilícito en los términos propuestos por el art. 20 de la CNUCC vulneraba la presunción de inocencia y el derecho a no declarar contra uno mismo[44] y

---

42 De hecho, en algunos países de nuestro entorno, se ha intentado eludir esta vulneración mediante la introducción de elementos en la regulación típica que permitiera limitar su posible interpretación y desvirtuar su configuración como delito de sospecha y la consecuente lesión del principio de presunción de inocencia. Así, por ejemplo, en el Código Penal francés (art. 321. 6) se vincula la sanción del enriquecimiento con la prueba de que el sujeto mantenga relaciones habituales con criminalidad organizada, o el Código Penal chileno que indica en su art. 241 *bis*, inciso tercero que "la prueba del enriquecimiento injustificado a la que se refiere este artículo será siempre a cargo del Ministerio Público", considerando con ello que se salvaguarda de este modo la presunción de inocencia, como se señala en la STC chileno de 12 de enero de 2023, en la que se acepta la constitucionalidad del precepto, si bien es cierto que existe un empate de votos (4 contra 4) que determina que al no existir mayoría que apoye la inconstitucionalidad, prevalece la legitimidad del precepto.

43 Vid., más ampliamente, OLAIZOLA NOGALES, "El delito de enriquecimiento ¿no justificado? ¿ilícito?", cit., pág. 184 y ss.

44 FABIÁN CAPARRÓS, "Apuntes críticos sobre la posible tipificación del delito de enriquecimiento ilícito en España", cit., págs. 604 y ss.; BLANCO CORDERO, "De nuevo sobre el delito de enriquecimiento ilícito", en *Un modelo integral de Derecho penal. Libro Homenaje a la profesora Mirentxu Corcoy Bidasolo*, Gómez Martín/Bolea Bardón/ Gallego/Hortal Ibarra/Joshi Jubert (directs.), Boletín Oficial de Estado, Madrid, 2022, pág. 1022; BERDUGO GÓMEZ DE LA TORRE, "Política criminal contra la corrupción: la reforma del decomiso", en *Revista Penal*, nº 40, 2017, pág. 37; HERNÁNDEZ BASUALTO, "El delito de enriquecimiento ilícito de funcionarios en el Derecho Penal Chileno", en *Revista de Derecho de la Pontificia Universidad Católica*

quienes sostenían la constitucionalidad del mismo[45], todo ello sobre la base de aceptación de la existencia de presunciones válidas desde la perspectiva constitucional, a efectos de determinar la concurrencia de los elementos típicos del delito en cuestión.

2. LA PRESUNCIÓN DE INOCENCIA ANTE LA CONFIGURACIÓN CLÁSICA DEL DELITO DE ENRIQUECIMIENTO ILÍCITO

Como ya se ha puesto de relieve el principal problema que se planteaba en relación con las propuestas tradicionales de incorporación de un tipo penal que sancionara los casos en los que se producido un incremento del patrimonio no acreditado o justificado era el de su colisión con el derecho a la presunción de inocencia contemplado en el art. 24.2 CE, y directamente conectado con ello también, dos manifestaciones instrumentales del genérico derecho de defensa, como es el derecho a no declararse culpable y a no declarar contra uno mismo, en clara relación con el derecho a guardar silencio que va a tener especial relevancia en éste ámbito.

Señala RAGA VIVES[46] que el art. 20 CNUCC *"introducía una* presunción *de difícil encaje constitucional"*, y efectivamente, porque bastaba con probar o acreditar la existencia de

---

de Valparaíso, vol. XXVII, segundo semestre, 2006, pág. 196; ROJAS PILCHER, "El delito de enriquecimiento ilícito y su proyección en los convenios internacionales sobre corrupción", en *Revista Penal México*, nº 7, 2015, pág. 220.

45 FERNÁNDEZ LÓPEZ, "Consideraciones sobre el delito de enriquecimiento ilícito", en *Halcones y Palomas: Corrupción y delincuencia económica*, Demetrio Crespo/González Cuellar-Serrano (directs.), Castillo de Luna ediciones jurídicas, Madrid, 2015, págs. 448 y ss.; ASENCIO MELLADO, "El delito de enriquecimiento ilícito", en *El Notario del Siglo XXI*, nº 32, 2010, págs. 2 y ss.

46 RAGA VIVES, "Del delito de enriquecimiento ilícito a la desobediencia", cit., pág. 9.

un incremento patrimonial que no se correspondiera con sus ingresos legítimos y que la procedencia de los mismos no fuera justificada por el sujeto (por ejemplo, simplemente guardara silencio sin dar ninguna explicación) para que se considerara, es decir, se *presumiera* que tenía un origen ilícito. El problema esencial radicaba en determinar la legitimidad o adecuación a los parámetros constitucionales de estas presunciones empleadas, en este caso, por el legislador penal y determinar si son compatibles o no con los derechos fundamentales, esencialmente los consagrados en el art. 24.2 CE (derecho a la presunción de inocencia y derecho de defensa junto a todas sus manifestaciones instrumentales). De este modo, como ya se ha señalado, se introducía un *delito de sospecha* que creaba la presunción de que el sujeto, generalmente autoridad o funcionario público, se había enriquecido mediante la comisión de un hecho delictivo previo[47]; delito previo que guardaba relación con el fenómeno de la corrupción y de ahí la limitación del círculo de sujetos activos y de su ubicación sistemática, en las diversas propuestas realizadas en el caso español, entre los delitos contra la Administración Pública. De hecho, aunque con estructura diversa a la tradicionalmente propuesta, el nuevo tipo penal del art. 438 bis CP se encuentra entre los delitos contra la Administración Pública, y se produce una reducción de los posibles sujetos activos aún mayor.

A pesar de las distintas idas y venidas y las diferentes propuestas que se han realizado, las bases esenciales de este tipo penal son dos: la vinculación, al menos desde la perspectiva político criminal o de *ratio criminis,* del enriquecimiento ilícito al fenómeno de la corrupción y, la existencia de *presunciones* de que los sujetos han cometido algún tipo de delito previo que resulta de difícil prueba en tanto que el sujeto activo no justifica (guarda silencio) o justifica incorrectamente (miente) la procedencia de los bienes en cuestión. Ello nos lleva a la necesidad de posicionarse res-

47 BLANCO CORDERO, "De nuevo sobre el delito de enriquecimiento ilícito", cit., pág. 1017.

pecto a la incidencia de estas posibles regulaciones en los derechos fundamentales, concretamente los contenidos en el art. 24.2 CE. Se ha oscilado, tradicionalmente, entre dos posibles posturas: entender que la presunción de inocencia no se ve vulnerada en tanto que no existiría una inversión de la carga de la prueba, y considerar que se produce una vulneración clara de este y otros derechos fundamentales.

2.1. Posturas que abogaban por la constitucionalidad de la sanción de la tradicional configuración del enriquecimiento ilícito

El argumento esencialmente empleado por aquellos que abogaban por la total constitucionalidad de este delito con la regulación que se derivaba del art. 20 CNUCC se centraba en la afirmación de que no existía ninguna inversión de la carga de la prueba por cuanto era la acusación la que debía probar la existencia de un incremento extraordinario de patrimonio[48]. Esta obligación derivada del sistema acusatorio y del respeto al principio de presunción de inocencia establece que la parte acusadora deberá aportar indicios que avalen el origen ilícito del patrimonio, sin que el silencio del acusado en este punto pueda implicar por sí sólo una condena[49]; se trataría, por tanto, de una *presunción iuris tantum* que resulta legítima dado que no se aplicaría de manera automática sino que debe motivarse y reunir los requisitos exigibles en la prueba indiciaria, esto es, el silencio del acusado y el enriquecimiento deberían ir acompañados de otros indicios que permitan mantener la presunción y que la misma no haya sido desvirtuada por el inculpado[50].

---

48 FERNÁNDEZ LÓPEZ, "Consideraciones sobre el enriquecimiento ilícito", cit., págs. 448 y ss.; ASENCIO MELLADO, "El delito de enriquecimiento ilícito", cit., págs. 2 y ss.

49 FERNÁNDEZ LÓPEZ, *ibidem.*

50 FERNÁNDEZ LÓPEZ, *ibidem*; ASENCIO MELLADO, "El delito de enriquecimiento ilícito", cit., pág. 3.

Los problemas que se derivarían de este planteamiento son, en mi opinión, varios. El primero que, en esencia, se está sancionando *la posesión de bienes* cuyo origen ilícito se *presume*, exigiendo una actitud activa por parte del acusado para desvirtuar la ilicitud en el caso de que se haya probado el enriquecimiento. En definitiva, se estaría sancionando por la vía de la presunción y no de la prueba, lo que ya se sancionaba en el delito de blanqueo de bienes, como es la posesión de bienes de origen ilícito, por vía de la prueba y no de la presunción. O dicho de otra manera, el delito de enriquecimiento ilícito en la propuesta que tradicionalmente se sostenía, permitía castigar aquellos casos en los que el origen ilícito de los bienes no se había probado y, por tanto, no podría continuarse por la vía del delito de blanqueo, y con eso se presumía, aunque fuera sobre la base de meros indicios, la existencia de un incremento patrimonial injustificado. Incremento patrimonial que, por otro lado, no necesariamente tenía que ser ilícito, sino simplemente no declarado o injustificado. La ilicitud del mismo se suponía equiparándola con la falta de justificación.

Y ello nos lleva a otro de los problemas que expone OLAIZOLA NOGALES[51] indicando que, para quienes sostenían la constitucionalidad de la propuesta de regulación típica, *"si está probado el incremento patrimonial desproporcionado y no está probado el origen ilícito se presumirá el origen ilícito del patrimonio. No es necesario establecer el nexo entre el incremento y la actividad ilícita porque ello es el núcleo de la presunción"*. En consecuencia, señala que para los partidarios de esta postura, la carga de la prueba en este caso debería recaer en quien alega su origen lícito, porque un planteamiento contrario (que sea la acusación quien prueba ese origen) sería una *probatio diabólica* resultando suficiente que acredite la desproporción entre los ingresos "lícitos", aunque quizás fuera más correcto decir declarados, y el patrimonio poseído. Se fundamentaba, por tanto, el planteamiento ex-

---

51 OLAIZOLA NOGALES, "El delito de enriquecimiento ¿no justificado? ¿ilícito?", cit., pág. 185.

clusivamente en una presunción de ilicitud que no necesita ser probada, bastando con acreditar la existencia de un patrimonio no justificado, y que la procedencia ilícita de los bienes (que se ha presumido) no haya sido desvirtuada por el acusado. En definitiva, se trataría, al menos en mi opinión, de un *delito de sospecha* que vulneraría la presunción de inocencia al producirse una clara *inversión de la carga de la prueba.*

Considero necesario realizar, en este punto dos precisiones, si no se ha probado el origen ilícito por la parte acusadora, el hecho de presumir que los bienes tienen dicho origen no es sino una sospecha contraria a reo y que permitiría sancionar por un incremento derivado de situaciones que nada tienen que ver con la corrupción (*ratio criminis* esencial de la criminalización de estos comportamientos) y que ni siquiera tienen que tener dicho origen ilícito, es decir, pueden proceder de actividades lícitas pero no declaradas[52] pero que, por razones diversas, no han querido ser declaradas (apuestas, herencias, donaciones, ejercicio de la prostitución, etc.)[53] o incluso ilícitas pero sin conexión alguna con la corrupción. Y en segundo lugar, que la incapacidad de la parte acusadora de probar los elementos típicos de los correspondientes delitos de corrupción (malversación, cohecho, etc.) o de blanqueo de bienes, no puede, desde el prisma constitucional en un Estado de Derecho, ser suplida por una "obligación" de actuación positiva del inculpado desvirtuando la presunción que en su contra se ha realizado.

---

52 Habría que analizar si, en el caso concreto, se podría proceder por delito fiscal al no haber declarado el correspondiente incremento patrimonial.

53 Un ejemplo puesto por SANCINETI, *El delito de enriquecimiento ilícito de funcionario público —art. 268.2 CP—. Un tipo penal violatorio del Estado de Derecho,* Ad Hoc, Buenos Aires, 1994, pág. 106, sirve para poner de relieve esta situación, indicando que podría responder de enriquecimiento ilícito el funcionario que aceptase una donación de su amante y que, antes que declararla y provocar una muy probable ruptura familiar, prefiere guardar silencio sobre la misma.

En este punto, alega ASENCIO MELLADO[54] que efectivamente existen más presunciones en el Código Penal que han sido plenamente aceptadas[55]. Innegablemente, nuestro texto penal contiene esas presunciones mencionadas que han sido avaladas jurisprudencialmente en diversas ocasiones señalando que, en modo alguno, pueden constituir presunciones *iuris et de iure*; ahora bien, lo que no puede compartirse es la alegación de que *"han sido plenamente aceptadas"*, antes al contrario, prácticamente todas las presunciones mencionadas por el autor han sido objeto de crítica e intenso debate doctrinal, e incluso jurisprudencial, en relación a su constitucionalidad por configurarse como delitos de sospecha unas y como infracciones meramente formales otras[56]. Justo las mismas críticas que, como se expondrá podrían realizarse respecto del delito que estamos

---

54 ASENCIO MELLADO, "El delito de enriquecimiento ilícito", cit., págs. 2 y 3

55 Señala concretamente la prevista en el art. 166 CP relativa al delito de no dar razón del paradero de la víctima de detención ilegal o secuestro, el delito previsto en el art. 379 CP contra la seguridad vial, delitos contra la salud pública, etc.

56 Así, por ejemplo, en relación con el mencionado delito de no dar razón del paradero de la víctima de detención ilegal o secuestro del art. 166 CP un amplísimo sector doctrinal cuestionaba su constitucionalidad al entender que se trataba de un delito de sospecha incompatible con la presunción de inocencia que subsistió, también tras la reforma de 2015, así cfr. LANDROVE DIAZ, *Detenciones ilegales y secuestros*, Tirant lo Blanch, Valencia 1999, pág. 186; GORRIZ ROYO, "Detenciones ilegales y secuestros sin dar razón del paradero de la persona detenida (art. 166 CP) y practicados por autoridad o funcionario público (art. 167 CP", en *Comentarios a la reforma del Código Penal de 2015*, González Cussac (direct.), Tirant lo Blanch, Valencia, 2015, pág. 520; GÓMEZ INIESTA, "Subtipo agravado de detención ilegal por no dar razón del paradero de la persona detenida. Art. 166 CP", en *Estudio crítico sobre el anteproyecto de reforma penal de 2012*, Álvarez García (direct.), Tirant lo Blanch, Valencia, 2013, págs. 551 y ss., entre muchos otros, vid. RUEDA MARTÍN, "Reflexiones sobre la constitucionalidad del delito de detenciones ilegales o secuestros sin dar razón de la persona detenida", en *Revista Penal*, nº 37, Enero 2016, págs. 186 a 196. Similares cuestionamientos se han realizado respecto de los demás preceptos mencionados por el autor.

analizando, tanto en la redacción propuesta por la normativa internacional, como la concreta regulación típica que finalmente se le ha otorgado.

Continua afirmando este autor[57] que constatada la existencia de un incremento de patrimonio injustificado (y esto es lo que debe demostrar la acusación) *"es el imputado el que debe acreditar su legalidad si la sostiene"*, es decir, se aplica una presunción de ilicitud respecto del origen de los bienes que debe, necesariamente ser desvirtuada por el acusado porque en caso contrario supondría una *probatio diabólica.* Perspectiva constitucional y respetuosa de la presunción de inocencia que sustentan tanto en la jurisprudencia del TEDH y TC[58], como en el CEDH que acepta las presunciones siempre que se respeten unos límites razonables. Es, precisamente, este aspecto lo que podrá llegar a determinar la diferencia entre la constitucionalidad o no de la presunción.

La presunción de inocencia en relación con las presunciones realizadas a lo largo del texto penal tiene dos puntos básicos: que las presunciones que se realicen sean razonables y respecto de supuestos excepcionales y que puedan ser *rebatibles,* esto es, que se trate de presunciones *iuris tantum,* sin que puedan ser aplicadas de manera automática[59]. El problema de esta postura radica, a mi juicio, en que lo que se tiene que demostrar por parte del acusador es el mero incremento patrimonial, dejando al margen el carácter de ilícito o no, de indebido o no, cuya prueba de desvirtuación quedaría en manos del acusado. De hecho, muy recientemente, la Sentencia del Tribunal Constitucional de Chile de 12 de enero de 2023[60] mediante la cual se declara la constitucionalidad del precepto, lo fundamenta

---

57 ASENCIO MELLADO, "El delito de enriquecimiento ilícito", cit., pág. 3.

58 ASENCIO MELLADO, *ibidem.*

59 OLAIZOLA NOGALES, "El delito de enriquecimiento ¿no justificado? ¿ilícito?, cit., pág. 136.

60 STC Chile, Rol 12.797-2022, de 12 de enero de 2023.

en el hecho de que el Ministerio público es quien debe demostrar el carácter injustificado del enriquecimiento, no el mero incremento patrimonial, y que ello no implicaría una prueba diabólica porque la acusación siempre podrá demostrar un hecho positivo como es el origen ilícito o bien desvirtuar la posibilidad de todos los orígenes lícitos más allá de toda duda razonable.

La diferencia, al menos en mi opinión, y sin compartir tampoco la resolución del Alto Tribunal chileno, es que no bastaría, como ocurre en nuestra legislación tanto en relación con las propuestas tradicionales de sanción del enriquecimiento ilícito como en la actual regulación del enriquecimiento injustificado, con que la acusación probara la mera existencia de un incremento patrimonial, sino que se hace necesario la prueba de que es injustificado y que tiene origen ilícito. Diferencia trascendental en relación con el respeto a la presunción de inocencia, que implicaría que la carga de la prueba debe permanecer en la parte acusadora, en aplicación del sistema acusatorio, y no en la persona del imputado.

2.2. *Posturas que sostenían la inconstitucionalidad del delito de enriquecimiento ilícito*

Todas las cuestiones que se han expuesto hasta el momento, ha determinado que un importante sector doctrinal sostuviera que la redacción del delito de enriquecimiento que se deriva de la normativa internacional, y concretamente del art. 20 del CNUCC, suponen una evidente violación de algunos derechos constitucionalmente protegidos por la misma, concretamente en el art. 24 CE, como el derecho a la presunción de inocencia, el derecho a no declararse culpable, el derecho a no declarar contra sí mismo y el derecho al silencio que asisten a todo imputado en un proceso penal, esencialmente como manifestación del derecho de defensa[61]. Desde esta perspectiva, esto es, desde el prisma de que el inculpado tiene derecho a realizar cualquier tipo de acción, incluido el silencio o la negativa a declarar, encaminada a no autoincriminarse en aplicación de su derecho de defensa, y el hecho de que debe ser la parte acusadora quien deba desvirtuar la presunción de inocencia probando todos y cada uno de los aspectos que alega, aquellas infracciones penales que determinen que debe ser el acusado quien desvirtúe los hechos que se le imputen, en tanto que implican una inversión de la carga de la prueba, no responden a los parámetros constitucionales necesarios para el respeto y garantía de los derechos fundamentales.

En definitiva, una regulación como la que se deriva del art. 20 CNUCC sancionando *"el incremento del patrimonio de un funcionario público respecto de sus ingresos ilegítimos que no pueda ser razonablemente justificado por él"*, no puede sino reputarse inconstitucional al poner el acento en la actuación del inculpado señalando que debe justificarlo razonablemente; se produce, en consecuencia, una lesión de la presunción de inocencia, en tanto que se está realizando una *presunción de culpabilidad y de la ilicitud del origen de los bienes*[62].

No es, sin embargo, sólo el derecho de presunción de inocencia el que pudiera verse lesionado con esta regulación típica y con la interpretación que se realiza de la misma, porque si el elemento central del tipo penal viniera configurado por la obligación por parte el inculpado de desvirtuar los hechos imputados mediante una declaración en este sentido, ello implicaría (y esta crítica también pudiera resultar aplicable en relación con la regulación ac-

---

61 FUENTES SORIANO, "El silencio y sus consecuencias en el proceso", en *Revista General de Derecho Procesal*, nº 46, 2018, pág. 6.

62 RAGA VIVES, "Del delito de enriquecimiento ilícito a la desobediencia", cit., pág. 9; BLANCO CORDERO, "De nuevo sobre el delito de enriquecimiento ilícito", cit., pág. 1017; HERNÁNDEZ BASUALTO, "El delito de enriquecimiento ilícito de funcionarios en el Derecho Penal Chileno", cit., pág. 196.

tual) que el ejercicio del derecho a guardar silencio y a no autoincriminarse que constituiría la ausencia de actividad alguna encaminada a justificar el origen de los bienes o del incremento patrimonial, implicaría la imposición de una pena. Sobre esta base, si los mencionados bienes proceden, efectivamente, de un delito (como por otra parte es el espíritu que inspira la regulación internacional y que parece subyacente, como se expondrá, en el caso de la española) esencialmente relacionado con la corrupción, se le está compeliendo, mediante amenaza penal (castigo por el delito de enriquecimiento y la consecuente imposición de una pena) a confesarlo[63]. Ya se ha señalado que el derecho a no declarar contra sí mismo y el derecho de defensa implican que, en modo alguno, el Estado o un tercero puede *obligar* al sujeto a confesar unos hechos de los que pueda derivarse cualquier tipo de responsabilidad (sea ésta del tipo que sea) y, de hacerlo, ello implicaría una evidente y notoria vulneración de los mencionados derechos fundamentales. La infracción de un concreto deber específico de algunos sujetos especialmente obligados, como pudiera ser el deber de transparencia, dará lugar sin duda a la aplicación de una sanción administrativa (precisamente por el incumplimiento de su obligación), pero no considero legítimo tratar de que el sujeto cumpla con su deber mediante la amenaza penal de imputación de un delito caso de no hacerlo.

Señala FABIÁN CAPARRÓS[64] que ello colocaría al acusado ante una disyuntiva con dos únicas posibles opciones: o negarse a dar explicaciones, guardar silencio o mentir lo que implicaría la sanción por un delito de enriquecimiento ilícito, o bien confesar el origen y la procedencia de los bienes que, en el caso de ser ilícito o delictivo, determinaría una sanción por la acción precedente al tiempo que vulnera de manera clara y frontal el derecho de defensa y a no autoincriminarse. Y ello porque en realidad se está

---

63 HERNÁNDEZ BASUALTO, *ibidem*.

64 FABIÁN CAPARRÓS, "Apuntes críticos sobre la posible tipificación del delito de enriquecimiento ilícito en España", cit., pág. 601.

construyendo una presunción, contraria a los derechos fundamentales, de que el sujeto activo carece de medios y capacidad financiera para tener el incremento patrimonial que se le ha detectado, de manera que *surge la sospecha*[65] de que los bienes tienen un origen ilícito pero sin que se pueda demostrar que proceden de la realización de un delito en concreto. En resumen, lo que se pretende mediante la regulación de este tipo penal es, como ya se ha indicado, subsanar el problema de *falta de prueba* en relación con la comisión de un delito previo del cual se deriven dichos bienes, de manera que se realiza una *presunción de ilegalidad* que deberá desvirtuar el sujeto activo[66]; presunción que, en modo alguno, responde a los derechos fundamentales y garantías básicas recogidas en la CE.

A este respecto resulta absolutamente relevante la postura sostenida por LUIS GONZÁLEZ[67] quien de forma muy categórica y explícita señala que tal y como parece derivarse de la normativa internacional (y del Código Penal argentino al que está haciendo referencia) la conducta sancionada en el tipo penal es "enriquecerse", pero, como resulta obvio, enriquecerse no puede ser delito, ni aunque lo hiciera una autoridad o funcionario público; lo que sería delictivo, señala, es *"enriquecerse a través de la función pública"*, es decir, que este sujeto realice comportamientos típicos de los que sacaría provecho económico (cohecho, negociaciones prohibidas a los funcionarios, tráfico de influencias, etc.). El problema radica entonces en la prueba del origen de ese enriquecimiento, y dada la dificultad que en algunos casos ello podría plantear, se recurre a una vía más fácil mediante la instauración de un *delito de sospecha* que instaura una

---

65 ROJAS PILCHER, "El delito de enriquecimiento ilícito y su proyección en los convenios internacionales sobre corrupción", cit., pág. 220.

66 ROJAS PILCHER, *ibidem*.

67 LUIS GONZÁLEZ, "El delito de enriquecimiento ilícito de funcionario y empleado público como delito de sospecha. Problemas constitucionales", en *Revista de la Facultad de Derecho y Ciencias Sociales y Políticas de la Universidad del Nordeste*, vol. 10, nº 19, 2016, pág. 73.

presunción contraria a la Constitución de manera que *"si el acusado guardase silencio, al ampararse en la garantía de no estar obligado a declarar contra sí mismo, dicho silencio se interpretaría sin dudas como «falta de justificación» y por ende, fundamentaría su condena"*[68] para terminar afirmando de manera categórica que *"resulta difícil imaginar una violación más clara a la garantía de prohibición de autoincriminación"*.

La esencia del problema, tanto atendiendo a la concepción tradicional del enriquecimiento ilícito que se deriva del art. 20 CUNCC esencialmente, como la actual regulación que recoge el tipo penal que actualmente nuestro texto penal como se expondrá más adelante, gira en torno a la legitimidad o no de determinadas presunciones que se realizan en estos casos concretos.

3. ALGUNAS REFLEXIONES SOBRE LAS PRESUNCIONES EN EL ORDENAMIENTO JURÍDICO PENAL

Si existe un hecho que resulta innegable, pero que no por ello deja de ser altamente controvertido, es el de la existencia de una innumerable gama de presunciones a lo largo de nuestro Código penal[69]; presunciones que, real-

---

68 LUIS GONZÁLEZ, "El delito de enriquecimiento ilícito de funcionario y empleado público", cit., pág. 74.

69 Diferencia GÓMEZ RIVERO, "Presunciones y Derecho Penal", en *Revista Penal México*, nº 3, enero-junio 2022, págs. 146 a 153, distintos tipos de presunciones: a) Presunciones orientadas al adelantamiento de los presupuestos ordinarios de la intervención penal (peligro abstracto, acumulación), b) Presunciones orientadas a conseguir la igualdad en el tratamiento de los autores allí donde se ventila su capacidad de culpabilidad (edad de responsabilidad penal de los menores o especial protección de los mismos), c) Presunciones basadas en las posiciones relativas de los sujetos activos y pasivos del delito (la distinta penalidad en los casos de Violencia de género), d) Presunciones relativas a la concurrencia de los elementos que determinan la prohibición de la conducta (delitos contra la libertad sexual, y delitos contra la seguridad del tráfico), e) Presunciones relativas a

mente, lo que constituyen son *suposiciones* que no quedan demostradas ni constatadas en la instrucción o enjuiciamiento de los hechos, y que, al menos *ab initio*, resultan difícilmente conciliables con los principios básicos inspiradores del Derecho penal y del Estado de Derecho[70]. Considero que no se compadece con los principios, derechos y garantías constitucionales que el legislador presuma determinados aspectos en relación con los tipos penales y sus elementos típicos, ni es compatible con la presunción de inocencia, ni es compatible con la prohibición de la indefensión, ni es compatible con el derecho de defensa. Con lo que si resulta compatible es con la posibilidad de otorgar una mayor "facilidad" o "comodidad" tanto a quien investiga, como a quien instruye y enjuicia al eliminar claramente obstáculos de prueba de los hechos que se imputan. Dicho de otro modo, si se presume *ex lege* ya no resulta necesario *probarlo en sede judicial.* Y ello, incuestionablemente, vulnera diversos derechos fundamentales que también, y para ello están pensados, concurren en el delincuente, en el inculpado y en el condenado.

Precisamente por ello, existe práctica unanimidad en considerar que deben rechazarse las presunciones *iuris et de iure*, por cuanto no existe la posibilidad de desvirtuarlas e implicarían una vulneración de la presunción de inocencia al constituir una presunción inatacable de culpabilidad que se supone por mandato del legislador, pero no se prueba[71]. No ocurre lo mismo respecto de las que se denomi-

---

la culpabilidad de los autores (delitos de sospecha), y f) presunciones orientadas a determinar la gravedad objetiva de la conducta.

70 GÓMEZ RIVERO, "Presunciones y Derecho penal", cit., pág. 145.

71 ASENCIO MELLADO, "El delito de enriquecimiento ilícito", cit., pág. 3; GÓMEZ RIVERO, "Presunciones y Derecho Penal", págs. 153 y 154, aunque sin embargo al analizar las presunciones en el ámbito de los delitos contra la seguridad vial señala dos supuestos en los que el legislador realiza un presunción respecto de la que no cabe prueba en contra, en concreto las contenidas en el art. 379 y 380 CP en las que *"el legislador se desentiende por completo de las circunstancias del hecho que rodeen la conducción (concurrencia de otros conductores o peatones, existencia de peligro concreto, etc.)"*, cfr. pág. 152.

nan presunciones *iuris tantum*, que si admiten prueba en contrario, esto es, la posibilidad de desvirtuar la misma y, en consecuencia, un sector doctrinal considera que en este caso no se lesionaría la presunción de inocencia ni el derecho de defensa[72]. Alega a este respecto ASENCIO MELLADO[73] que *"con mucha exageración y falta de rigor técnico, se suele aludir a la inexistencia de carga de la prueba de la inocencia en el acusado, afirmando que éste carece de interés, carga u obligación alguna de probar los hechos en que se fundamenta la pretensión penal. Porque, si bien es cierto que los hechos constitutivos de la acusación deben ser acreditados por quien los alega, los hechos impeditivos, extintivos o excluyentes, lo han de ser por quien los aduce, al igual que en el proceso civil (...) el imputado ha de probar los hechos que alega, tanto los que introduce para desvirtuar la pretensión penal, como los extintivos de la responsabilidad penal o las circunstancias eximentes o atenuantes"* para terminar afirmando que *"si se detecta un ingreso injustificado, no basta al imputado con declarar que fue fruto de una herencia o de una donación si no lo acredita. Hacer recaer en la parte acusadora que el origen no fue el alegado constituye un ejemplo de prueba diabólica y de absurdo jurídico. Probado el ingreso injustificado, es el imputado el que debe acreditar su legalidad si la sostiene (...) le basta al acusador con probar la recepción y la falta de justificación del pago, siendo quien alega dicho pago el que debe probarlo"*.

Son numerosas las afirmaciones que no puedo compartir con el autor citado, al menos en relación con el delito de enriquecimiento ilícito al que se está refiriendo (se trata de la tradicional construcción del enriquecimiento en el que se presume el origen ilícito de los bienes). La regulación sostenida por el art. 20 CUNCC implica que constatado un incremento del patrimonio del sujeto activo que no se corresponde con sus ingresos y su situación económica declarada, se presume la existencia de un enriquecimien-

---

72 ASENCIO MELLADO, "El delito de enriquecimiento ilícito", cit., pág. 3; FERNÁNDEZ LÓPEZ, "Consideraciones sobre el enriquecimiento ilícito", cit., págs. 448 y ss.

73 ASENCIO MELLADO, *ibidem*.

to derivado de bienes de origen ilícito, si no se da razón de la procedencia de los mismos. No se trata, por tanto, de hechos impeditivos, extintivos o excluyentes como atenuantes o eximentes que debe probar, innegablemente quien los alega, esto es, el inculpado, sino que se trata de hechos constitutivos y configuradores del tipo penal que se imputa (por cuanto el mero hecho de tener un incremento patrimonial no puede considerarse en modo alguno ilícito) y que convierte mediante una presunción el enriquecimiento en delictivo por suponerle un origen ilícito; y eso es un "hecho alegado por la acusación" y, en consecuencia, siguiendo su argumentación, "debe ser probado por quien los aduce", en este caso, la acusación. Sin embargo, considera que exigir a la acusación que pruebe el origen ilícito de los bienes o desvirtúe la explicación ofrecida por el inculpado sería una *probatio diabólica*, entendiendo bastante la recepción del incremento y que no se justifique el mismo. En mi opinión se trata de un planteamiento absolutamente contrario a reo, no sólo porque sin mayores pruebas se supone la comisión de un delito por dos conductas que son en principio absolutamente legítimas como es el hecho de enriquecerse y el de guardar silencio o, incluso, mentir, pero que sin embargo fundamentan una presunción de ilicitud que no tiene que ser probada por nadie. Pero, además, es que la necesidad que se deriva de todo proceso acusatorio de que es quien acusa el que tiene que probar los hechos alegados, en este caso se considera que se trata de una prueba diabólica. Ciertamente, en el ámbito de los delitos de corrupción o económicos la prueba de los hechos resulta, por razones técnicas, más complicada que en los tradicionales delitos contra las personas, pero ello no implica que la dificultad probatoria pueda ser sustituida por una presunción automática. Presunción que, por otra parte, no responde a los principios que inspiran el Estado de Derecho.

Dicho de otro modo, considero que siendo irrebatible la existencia de presunciones en nuestro Código penal y que sólo se aceptarían aquellas que permitieran una prueba en contra por parte de aquel sobre el que pesan (*iuris tantum*), lo que no debe aceptarse es que estas puedan ser aplicadas de manera automática sin la existencia de un mínimo de actividad probatoria relativa a la lesión del presunto bien jurídico que se pretenda proteger que correría a cargo de la parte acusadora.

En relación con esta tema señala OLAIZOLA NOGALES[74] que *"el delito de enriquecimiento ilícito en la redacción otorgada por las normas internacionales parte de una presunción* iuris tantum, *que es el incremento excesivo del patrimonio del funcionario no razonable en virtud de sus ingresos legítimos, es un incremento ilícito"*. Ciertamente se trata, como acertadamente señala la autora, de una suposición delictiva contraria a reo, pero a este respecto es necesario realizar dos precisiones que considero ineludibles en este punto. La primera es que de la configuración que tradicionalmente se sostenía del delito de enriquecimiento, como ya se ha señalado, bastaría con acreditar la existencia de un incremento patrimonial en el sujeto que no responda razonablemente a sus ingresos o que no se haya justificado de algún modo; nada que ver con la idea central básica que se ha barajado siempre en relación con este concreto delito que es el de su vinculación con el fenómeno de la corrupción, porque lo que debe acreditarse es el aumento de patrimonio, y su carácter ilícito (por proceder de un hecho delictivo, generalmente relacionado con la corrupción) simplemente se presupone. Y ello nos lleva a la segunda de las precisiones respecto a esta situación ¿la simple obligación de la acusación de acreditar la existencia de un incremento patrimonial, con independencia de que se sepa, demuestre o acredite su origen real, es compatible con el principio de presunción de inocencia?

En relación con la admisibilidad de las presunciones *iuris tantum* el Convenio Europeo de Derechos Humanos

---

74 OLAIZOLA NOGALES, "El delito de enriquecimiento ¿no justificado? ¿ilícito?, cit., pág. 186.

exige dos condiciones irrenunciables. La primera es que sea razonable, esto es, proporcionada a la finalidad que legítimamente se persigue debiendo realizarse una valoración de si realmente resulta necesaria o no. Se trataría en el caso del enriquecimiento ilícito de determinar si es absolutamente necesario regular este tipo penal que se estructura esencialmente como una presunción, o si es factible evitar por otros medios la finalidad que se persigue con el mismo, esto es, la existencia de una corrupción que ocasiona un enriquecimiento ilícito del funcionario o autoridad. Y evidentemente existen otros modos[75], no sólo los propios delitos previos que hubiera podido cometer el sujeto activo siempre y cuando pudieran demostrarse y no meramente presumirse[76], sino también mediante el delito de fraude fiscal por aquella cantidad no declarada[77], comiso de ese incremento patrimonial o incluso, sin necesidad de recurrir al Derecho penal y respetando el principio de intervención mínima, mediante la correspondiente sanción administrativa que se derivaría del incumplimiento del deber de transparencia[78].

La segunda de las condiciones exigida por el CEDH es que la presunción que se realice no sea automática, es decir, será necesario que se demuestre al menos indiciariamente el núcleo central del delito. Y este núcleo central no es el mero incremento patrimonial del sujeto activo, sino

---

75 OLAIZOLA NOGALES, "El delito de enriquecimiento ¿no justificado? ¿ilícito?, *ibidem*.

76 Aunque bien es cierto que en algunos supuestos de delitos contra la Administración Pública también existe ciertas presunciones, como ocurre en el cohecho impropio al suponer que la entrega de dádiva o ventaja se realiza con una presunta finalidad de un comportamiento futuro del funcionario o autoridad, sin necesidad de probar nada más que la entrega o recepción de la ventaja mencionada. Sobre el cohecho impropio, vid. GARCÍA ARROYO, "La dudosa legitimación jurídico penal del delito de cohecho impropio o en consideración al cargo", en *Revista General de Derecho Penal*, nº 35, 2021, *passim*.

77 BLANCO CORDERO, "De nuevo sobre el delito de enriquecimiento ilícito", cit., pág. 1017.

78 Opción que es plenamente aplicable, como se expondrá, en el caso de la actual regulación del art. 438 bis CP.

que el mismo tenga un origen ilícito. Y tampoco esta segunda condición se cumple con la propuesta tradicional realizada en relación con el delito de enriquecimiento ilícito, de hecho, como pone de relieve OLAIZOLA NOGALES[79], establecer la responsabilidad penal del sujeto activo de la mera existencia de un incremento patrimonial presumiendo simplemente el origen ilícito del mismo, *"puede suponer una aplicación automática del delito y una vulneración de la presunción de inocencia"*. Claramente, a fin de evitar tanto el automatismo expuesto, como la posible lesión de derechos fundamentales que se derive de la regulación típica, al menos debería probarse el origen ilícito del incremento de patrimonio para poder sancionar el enriquecimiento del funcionario o autoridad. Como se señaló con anterioridad, probablemente a la acusación le pueda resultar complicado demostrar que el patrimonio no tenga origen lícito *"puesto que no puede desvirtuar todos los posibles orígenes lícitos del patrimonio"*[80], ahora bien, como en cualquier otro tipo de delito, con mayor o menor facilidad, lo que si puede demostrar es un hecho positivo, como sería el que incremento patrimonial experimentado tenga una procedencia ilícita, incluso a través de prueba indiciaria.

Desde esta perspectiva, en mi opinión, la presunción que contiene la regulación tradicional propuesta por la normativa internacional resultaría inviable desde el respeto a los derechos fundamentales, esencialmente la presunción de inocencia, e implicaría una posible inconstitucionalidad que ya se ha puesto de manifiesto en otros países de nuestro entorno, así como por nuestra doctrina. Por ello, nuestro legislador ha dado una vuelta de tuerca a la regulación de este delito en concreto optando por una configuración como teórico delito de desobediencia donde lo que se sanciona no es el incremento del patrimonio, o que este tenga

---

79 OLAIZOLA NOGALES, "El delito de enriquecimiento ¿no justificado? ¿ilícito?, cit., pág. 187.

80 OLAIZOLA NOGALES, "El delito de enriquecimiento ¿no justificado? ¿ilícito?, *ibidem*.

o no origen ilícito, sino la falta de justificación del mismo por parte del sujeto activo ante el requerimiento por las autoridades competentes. Con ello pretende dar solución a la posible inconstitucionalidad del precepto, sin embargo, puede que no resulte ni tan simple ni tan evidente como, en principio pudiera parecer al modificar sustancialmente la estructura típica del delito en cuestión.

4. DERECHO A GUARDAR SILENCIO Y A NO DECLARAR CONTRA SÍ MISMO

No es, sin embargo, como se ha señalado la presunción de inocencia el único derecho constitucionalmente amparado que pudiera verse afectado por la sanción de incrementos patrimoniales no razonables e injustificados respecto de algunos servidores públicos, y ello no sólo respecto de la tradicional configuración del delito de enriquecimiento ilícito que se derivaba del art. 20 CNUCC, sino que también pudiera ser, al menos cuestionable, respecto del actual art. 438 *bis* CP. Son innegables varios aspectos que se han ido poniendo de relieve a lo largo de estas páginas: el primero que la corrupción constituye una de las principales preocupaciones de la sociedad, el segundo que en aras de obtener esa "tranquilidad" de la sociedad se emplea todo tipo de instrumento que en apariencia sirva para luchar contra la corrupción e inocuizar los efectos de la misma, y, en tercer lugar, que con la finalidad de obtener todo ello, se quiebran o flexibilizan derechos y garantías básicas reconocidas constitucionalmente.

Uno de los derechos directamente afectados, a mi juicio, con este planteamiento que se acaba de exponer es el derecho de defensa y algunas de sus manifestaciones instrumentales como la contenidas en el art. 24.2 CE *a no declarar contra uno mismo y a no declararse culpable.* En esencia, cuando afrontemos el análisis del concreto tipo penal contenido en el nuevo art. 438 *bis* CP resultarán evidentes diversos problemas, sobre todo en relación con la existencia de un bien jurídico a proteger (bien porque ya se encuentra protegido por otros tipos penales, o bien simplemente porque no puede identificarse interés individual alguno objeto de protección). Esto pondrá de manifiesto que, a mi modo de ver, el fundamento de su regulación penal no sería la protección de ese objeto de tutela que quedará indeterminado o, incluso, pudiendo determinarlo no podría afirmarse la lesividad de las conductas tipificadas respecto del mismo, sino la dificultad probatoria de la existencia de un delito previo del que proceda el enriquecimiento que pretende sancionarse, y, por tanto, su configuración como delito instrumental que, en el fondo, procede a sancionar la falta de colaboración con la administración para la investigación de otro delito. En mi opinión, el silencio, la obstrucción e incluso la aportación de datos falsos no es sino el ejercicio legítimo de un derecho fundamental constitucionalmente reconocido en el art. 24.2 CE a no declarar contra uno mismo y a no confesarse culpable, en manifestación del ejercicio del derecho de defensa. Obviamente ello obstaculizará innegablemente la investigación y posible enjuiciamiento de otras conductas delictivas, pero se trata de un derecho constitucional que por el hecho de dificultar la actividad de la Administración de justicia, la investigación o averiguación de otros delitos, no deja de tener amparo constitucional; por el contrario, justamente ese amparo constitucional es el que fundamenta un Estado de Derecho. Desde esta perspectiva, *guardar silencio* no excede en modo alguno del contorno del derecho contenido en el art. 24.2 CE, sino que, por el contrario es la esencia del mismo[81]. Señala CÁMARA ARROYO[82] que este tipo de criminalizaciones y

---

81 Señala el Tribunal Constitucional en su Sentencia 127/2000, de 16 de mayo en su Fundamento Jurídico Cuarto que *"el derecho a no contribuir a la propia incriminación es un componente del derecho a guardar silencio, la genérica advertencia del derecho a guardar silencio puede considerarse comprensiva de la información de que al declarante le asiste el derecho a no declarar contra sí mismo y no confesarse culpable"*.

82 CÁMARA ARROYO, "Las propuestas de reforma y ampliación de la prisión permanente revisable en España", en *Penas perpetuas*, Rodríguez Yagüe (direct.), Tirant lo Blanch, Valencia, 2023, p. 310, si

sanciones *"nos lleva a cuestionarnos si no se estaría regulando una fórmula de «chantaje institucional» que, a modo de coacción, tratase de soslayar el principio* «nemo tenetur», *por el que nadie está obligado a confesar en su contra, o modificar la interpretación jurisprudencial de la impunidad del auto-encubrimiento y los actos co-penados"*.

Como punto de partida en relación con el análisis de la relevancia del derecho a guardar silencio o a no declarar contra sí mismo, es preciso señalar que se trata de manifestaciones del derecho de defensa[83] que no sólo se encuentra recogido en el art. 24.2 CE, sino también en numerosos textos internacionales[84], y que se configura como derecho subjetivo público *"que debe ser reconocido al investigado en cualquier momento del proceso y que se instrumentaliza, a su vez, en un conjunto de derechos que la Constitución y la Ley de Enjuiciamiento Criminal le otorgan. Entre ellos, el derecho a la asistencia letrada, a ser informado de la imputación, a utilizar los medios de prueba pertinentes para la defensa, al contradictorio, a no declarar contra uno mismo y a guardar silencio"*[85]. De este modo, son diversas las manifestaciones de este derecho cuya delimitación no puede ir, en modo alguno, en contra de la finalidad que persigue el derecho fundamental de referencia, esto es, el derecho de defensa que, de manera genérica, puede interpretarse como la posibilidad del investigado de intervenir en el proceso penal, permitiéndole oponerse a

---

bien refiriéndose a la propuesta de introducir un tipo cualificado de asesinato consistente en *que al delito le hubieran seguido actos de ocultación o destrucción del cadáver para dificultar la investigación por parte de la autoridad y sus agentes.*

83 ARMENTA DEU, *Lecciones de Derecho Procesal Penal,* 12ª ed., Marcial Pons, Madrid 2019, p. 63 indica que se trata de dos caras de la misma moneda en tanto que constituyen garantías del genérico derecho de defensa.

84 Así, a modo de ejemplo, el art. 10 de la Declaración Universal de los Derechos Humanos de 1948, el art. 6 del Convenio Europeo para la Protección de los Derechos Humanos y de las Libertades fundamentales de 1950; el Pacto Internacional de Derechos Civiles y Políticos de 1966.

85 ASENCIO GALLEGO, *El derecho al silencio como manifestación del derecho de defensa,* Tirant lo Blanch, Valencia, 2017, pág. 128.

los cargos que se dirigen contra él a través de un procedimiento informado por los principios de contradicción y publicidad mediante todos los medios que tenga a su alcance para ello[86], lo que conlleva la posibilidad tanto de una defensa activa, como una defensa pasiva (el silencio, por ejemplo)[87]. En definitiva, como derecho fundamental que es, constituye una garantía del ciudadano frente al poder estatal[88] encaminada, precisamente, a evitar cualquier tipo de injerencia, presión o coerción que éste último pueda llevar a cabo a fin de agilizar o facilitar la actividad de la Administración de Justicia sin que éste quede concretado en un auténtico interés legítimo que precise protección autónoma[89].

Ciertamente son diversos los aspectos que resulta necesario analizar a la hora de enfrentar el contenido de este derecho. El *derecho a la defensa* tiene una clara vertiente constituida por el *derecho a la no autoincriminación* que puede parecer fácil de delimitar y comprender, aunque, sin embargo, en realidad está compuesto por distintos aspectos que han determinado que se empleen diversas denominaciones para hacer referencia a una misma idea: no se puede exigir que nadie declare o aporte pruebas, datos o informaciones que puedan perjudicarle. Así, señala GALLARDO ROSADO[90] que "*dentro de este grupo de conceptos encontramos los denominados «derecho a permanecer en silencio», «derecho a no declarar», «derecho a no declarar contra sí mismo», «derecho a no confesarse culpable», «derecho a no autoinculparse», así como el «derecho a no colaborar»*". Sobre esta base, la

---

86 MORENO CATENA, *La defensa en el proceso penal*, Madrid, 1982, pág. 24.

87 ASENCIO GALLEGO, *El derecho al silencio como manifestación del derecho de defensa*, cit., pág. 135.

88 Señala MORENO CATENA, *La defensa en el proceso penal*, cit., pág. 28 que la defensa se vincula a la idea de repeler o de responder a un "*pretendido derecho estatal de penar*"

89 Cfr. FUENTES SORIANO, "El silencio y sus consecuencias en el proceso", cit., p. 6.

90 GALLARDO ROSADO, *Los derechos a permanecer en silencio y a no declarar contra sí mismo*, Tirant lo Blanch, Valencia, 2022, pág. 19.

doctrina ha interpretado de manera diversa y plural estos derechos[91] entendiendo que se encuentran directamente vinculados el derecho a la defensa, al silencio, a no declarar o declarar falsamente, a la asistencia letrada, a no ser obligado a declararse culpable o a proporcionar información que facilite la investigación de un delito en el cual pueda haber participado[92].

Ahora bien, siendo cierto que tanto el genérico derecho a la defensa, como diversas manifestaciones del mismo, por ejemplo, derecho a no declarar contra sí mismo o a no confesarse culpable, se encuentran expresamente previstos en el art. 24.2 CE que se constituye como una garantía fundamental e intangible de las partes encaminada a la protección de los derechos individuales[93], realmente en la Constitución no se prevé de manera explícita el *derecho a guardar silencio*[94] que si encuentra respaldo positivo en los

---

91 Vid, por todos, GALLARDO ROSADO, *Los derechos a permanecer en silencio y a no declarar contra sí mismo*, cit., págs. 263 y ss.

92 MUÑOZ CONDE, "De la prohibición de autoincriminación al derecho procesal del enemigo", en *Estudos en Homenagem ao Prof. Doutor Jorge de Figueiredo Diaz*, vol. 3, *Stuidia Ivridica*, Universidad de Coimbra, 2009, págs. 1013 y 1014.

93 GALLARDO ROSADO, *Los derechos a permanecer en silencio y a no declarar contra sí mismo*, cit., págs. 23 y 24.

94 Si aparece, sin embargo, expresamente reconocido en los arts. 55 y 67 del Estatuto de Roma, y en este mismo sentido, la Directiva (UE) 2016/343 del Parlamento Europeo y del Consejo, de 9 de marzo estableció que *"(24) El derecho a guardar silencio es un aspecto importante de la presunción de inocencia y debe servir como protección frente a la autoinculpación"*, Señala REBOLLO VARGAS, "El derecho a guardar silencio, a no declarar contra sí mismo y a estar presente en juicio: análisis y pautas interpretativas sobre algunas cuestiones de la Directiva (UE) 2016/343, del Parlamento Europeo y del Consejo, de 9 de marzo de 2016", en *Cuadernos de Política Criminal*, época II, nº 128, Septiembre 2019, pág. 180, que esta Directiva tiene *"una doble finalidad; por un lado, reforzar en el proceso penal derecho a un juicio justo, estableciendo unas normas mínimas comunes relativas a determinados aspectos de la presunción de inocencia y al derecho a estar presente en juicio; además de reforzar la confianza de los Estados miembros en los sistemas de justicia penal de cada uno de ellos y, por lo tanto, contribuir a facilitar el reconocimiento mutuo de resoluciones judiciales en materia penal"*.

arts. 118.1 g) y 520.2 a) de la LECrim[95]. A pesar de ello, sostiene acertadamente MUÑOZ CONDE[96] que *"del principio* nemo tenetur se ipsum accusare *se deducen el derecho a la defensa, al silencio, a no estar obligado a declarar, a declarar falsamente, a la asistencia letrada desde su detención y a no ser obligado de forma directa —coacción—, o indirecta —engaño—, a declararse culpable o a proporcionar información que facilite la investigación de un delito en el cual pueda tener participación".* De este modo, el derecho a no declarar contra uno mismo está íntimamente relacionado con el *derecho a guardar silencio* hasta el punto de que el primero puede, precisamente, materializarse mediante el segundo, esto es, a través del silencio[97].

En realidad, como se indicó, se trata de aspectos de una misma situación, esto es, *"la garantía que tiene cualquier persona inculpada de no facilitar ningún tipo de declaración de la cual pueda obtenerse información que permita incriminarla si ello no es su voluntad; resultando, por lo tanto, evidente que quien declara contra sí mismo se está confesando culpable y viceversa"*[98] y que se derivan directamente del derecho de defensa. Porque, en el fondo, el silencio no es sino una forma de expresión o de comunicarse que puede ser igual de relevante y significativa que la actuación o declaración positiva; esto es, el ejercicio del derecho establecido a no declarar bien sea no declarando sobre aquello que le perjudica, bien sea guar-

---

95 FUENTES SORIANO, "El derecho al silencio y sus consecuencias en el proceso", cit., pág. 5, quien considera que el derecho al silencio y el derecho a no declarar constituye un modo de defensa del investigado en el proceso.

96 MUÑOZ CONDE, "De la prohibición de autoincriminación al derecho procesal del enemigo", cit., págs. 1014 y 1015.

97 LÓPEZ BARJA DE QUIROGA, "El derecho a guardar silencio y a no incriminarse", en *Derechos Procesales fundamentales. Manuales de formación continuada,* Gutiérrez Alviz y López Barja de Quiroga (coords.), Madrid, CGPJ, 2005, pág. 593; SERRANO ALBERCA, "Arts. 17", en *Comentarios a la Constitución Española,* AAVV, 3ª ed., Civitas, Madrid, 2001, pág. 363

98 GALLARDO ROSADO, *Los derechos a permanecer en silencio y a no declarar contra sí mismo,* cit., pág. 268.

dando silencio, o bien sea mintiendo en sus declaraciones. Se trata, como indica el Tribunal Constitucional[99] de garantías o derechos instrumentales del genérico derecho de defensa entendiendo que aquel sujeto en quien recae o puede recaer una imputación *"puede optar por defenderse en el proceso en la forma que estime más conveniente para sus intereses, sin que en ningún caso pueda ser forzado o inducido, bajo constricción o compulsión alguna, a declarar contra sí mismo o a confesarse culpable"*.

En consecuencia, existe acuerdo doctrinal en el sentido de reconocer que la inexistencia de una obligación de declarar (derecho a no declarar contra uno mismo), implica el derecho a guardar silencio, a no responder preguntas, a responder sólo algunas o a requerimientos de los agentes, con la finalidad (legítima desde la perspectiva del derecho de defensa) a que no se pueda establecer un material probatorio para la investigación y enjuiciamiento del delito[100]; y se extiende a cualquier pregunta, información o dato que pudiera implicar incriminación, aunque no represente un expreso reconocimiento de culpabilidad[101], de manera que guardar silencio o no declarar al igual que mentir u obstaculizar son formas de intervención en el proceso y una manifestación del derecho de defensa[102]. Es decir, como se sostiene en este trabajo, el ejercicio legítimo de un derecho

---

99 Vid. SSTC 21/2021, de 15 de febrero y 23/2014, de 13 de febrero, entre otras.

100 JARIA I MANZANO, "La Constitución y el proceso penal: cuestiones fundamentales", en *Derecho Penal Constitucional*, Quintero Olivares (direct.), Tirant lo Blanch, Valencia, 2015, pág. 200.

101 GARCÍA ARAN, "Conducción de vehículos bajo la influencia del alcohol. Ejercicio del derecho constitucional a la defensa", en *Revista Jurídica de Catalunya*, 1987-3, vol. 86, pág. 638.

102 FUENTES SORIANO, "El derecho al silencio y sus consecuencias en el proceso", cit., pág. 2; RODRÍGUEZ MOLINA, *La atenuante de dilaciones indebidas y su aplicación jurisprudencial*, Cizur Menor, Aranzadi, 2023, págs. 64 y 65, sostiene que *"si dentro del contenido esencial del derecho de defensa se encuentra la posibilidad de realizar todos aquellos comportamientos y conductas que permite nuestro ordenamiento jurídico, el ejercicio de los mismos, en tanto que legítimo por encontrarse avalado por la propia normativa procesal, no podría determinar una actuación ilegítima"*.

(y guardar silencio e, incluso, en algunas circunstancias mentir es el ejercicio legítimo del derecho de defensa de forma genérica) no debería poder considerarse como comportamiento ilegitimo que diera lugar a consecuencias negativas para el titular del mismo, y, mucho menos, en consecuencia lógica, convertirse en delito, como parece ser el caso tras la reforma llevada a cabo por la LO 14/2022 que introduce el nuevo delito de enriquecimiento injustificado.

Pudiera señalarse, y ya se ha hecho referencia a este aspecto, que en realidad la regulación del delito contenido en el art. 438 *bis* CP no implica una vulneración del derecho a no declarar contra uno mismo por cuanto el mismo se perfecciona, en tanto que delito de desobediencia, con el mero hecho de no atender a los requerimientos de los órganos competentes respecto del cumplimiento de un deber previo. Innegablemente, la configuración dada aporta mayores visos de constitucionalidad y de respeto a los derechos fundamentales que la que se derivaba del art. 20 CNUCC; pero ello no obsta que también respecto de la misma puedan predicarse ciertos aspectos cuestionables en relación con el ámbito de aplicación de los derechos fundamentales, en concreto, el derecho a guardar silencio y a no declarar contra uno mismo. Considero que entender que la existencia de una obligación legal, administrativa normalmente, de colaborar o de transparencia respecto de determinados sujetos especialmente vinculados con la Administración Pública no puede determinar que la negativa a cumplirla se convierta en delito so pena de vulnerar el derecho a no declarar contra uno mismo y el derecho de defensa[103].

---

[103] De hecho, no comparto la postura de RAGA VIVES, "El nuevo delito de desobediencia por enriquecimiento injustificado", en *Comentarios a la LO 14/2022, de reforma del Código Penal*, González Cussac (coord.), Tirant lo Blanch, Valencia 2023., pág. 207, al afirmar que *"colaborar en una determinada pericia ante el órgano requirente, máxime cuando existe una obligación legal de hacerlo, no parece contrariar la garantía de autoincriminación, sobre todo si se atiende a que el procedimiento se establece justamente para ello y si se tiene en cuenta que, sin esta infor-*

Quisiera precisar aquí dos aspectos que entiendo tienen relevancia para el resto de este trabajo: el primero de ellos es uno de los fundamentos típicos del nuevo delito del art. 438 *bis* CP cual es la infracción previa de un deber específico y la negativa o silencio posterior ante el requerimiento de su cumplimiento, y ello pudiera implicar que, en relación con la concreta aplicación judicial del nuevo delito, concurrieran dificultades para afirmar la vulneración del derecho por cuanto la declaración que se pide o a la que se "obliga" no supondría una autoincriminación en el propio delito de desobediencia (sino en uno previo que, aparentemente, no guarda relación con la figura delictiva analizada); pero, y este es el segundo de los aspectos, es que es el propio delito introducido por la LO 14/2022 el que constituye, en mi opinión, la vulneración del derecho de defensa (respecto de posibles delitos previos) por cuanto constituye una coerción (amenaza penal) en el caso de que el sujeto que previamente ha infringido un deber específico (sancionable como ya se ha dicho en vía administrativa) permaneciese en su actitud de no colaborar y no responder a los requerimientos realizados.

Otro aspecto destacable respecto del derecho a guardar silencio y, consecuentemente, a no declarar contra uno mismo, es su conexión directa con el *derecho a no colaborar*[104] haciendo referencia al derecho que asiste a una persona a

---

mación, la Administración se encontrará desprovista de las herramientas para cumplir con sus fines"; y no lo hago por varias razones, en primer lugar porque no estamos ante ninguna pericia, la pericia sería la obligación de aportar documentación acreditativa de los ingresos y patrimonio de determinados sujetos vinculados y obligados por la normativa sobre transparencia, pero ello implicaría una infracción administrativa, nunca hasta el momento un delito y en segundo lugar porque la razón de que se facilita a la Administración lo que, en otro caso, resultaría difícil de probar, no constituye en mi opinión ni fundamento, ni justificación ni mucho menos objeto de tutela respecto de la introducción de un específico delito de desobediencia en este ámbito.

104 GALLARDO ROSADO, *Los derechos a permanecer en silencio y a no declarar contra sí mismo*, cit., págs. 278 y 279.

no ayudar a otros a lograr un fin, en concreto el *derecho que asiste al imputado a no ayudar a la acusación a lograr su condena*[105] y a no autoincriminarse; y todo ello abarcaría tanto una actitud pasiva como cualquier iniciativa o actuación que tenga por finalidad obstaculizar la investigación o el proceso[106], sea esta del tipo que sea, incluyendo no solo el silencio, esto es, un comportamiento omisivo o abstencionista, sino también hasta cierto punto la mentira, desde una perspectiva de actuación positiva que sirva para desviar y entorpecer la investigación de los hechos[107] en un intento de autoencubrimiento o autoprotección frente a las actuaciones de la Administración de Justicia[108].

Efectivamente, sostiene MORENO CATENA[109] que estos derechos a no declarar contra uno mismo, a no autoincriminarse y a no colaborar no solo abarcan una actitud pasiva, es decir, el silencio, sino también cualquier iniciativa o actuación por parte del imputado cuya finalidad sea

105 MORENO CATENA, "Sobre la presunción de inocencia", en *El proceso penal en la encrucijada. Homenaje al Dr. César Crisóstomo Barrientos Pellecer*, vol. II, Publicaciones de la Universidad Jaume I, 2015, pág. 889 donde señala que el derecho al silencio se configura como un elemento básico tanto del derecho de defensa y de no autoincriminación, como del derecho a la presunción de inocencia.

106 Así, afirma acertadamente RODRÍGUEZ MOLINA, *La atenuante de dilaciones indebidas y su aplicación jurisprudencial*, cit., págs. 246 y 247 que *"ni el inculpado ni su defensa están obligados a colaborar activamente en la tramitación de una causa en la que se ejerce la acción penal en su contra, lo que constituye un principio básico del derecho de defensa"*.

107 Que estas conductas de "entorpecimiento" u "obstrucción" pueden ser lícitas si responden al ejercicio del derecho de defensa ya fue sostenido, aunque en relación con el derecho a un proceso sin dilaciones indebidas (regulado también en el art. 24.2 CE) por RODRÍGUEZ MOLINA, *La atenuante de dilaciones indebidas y su aplicación jurisprudencial*, cit., pág. 63.

108 DEL MORAL GARCÍA, "Aspectos procesales de la responsabilidad penal de las personas jurídicas", en *Aspectos prácticos de la responsabilidad criminal de las personas jurídicas*, en Zugaldía Espinar/Marín Espinosa Ceballos (coords.), Aranzadi, 2013, pág. 298.

109 MORENO CATENA, "Sobre la presunción de inocencia", en *Pruebas y proceso penal. Análisis especial de la prueba prohibida en el sistema español y en el Derecho comparado*, Gómez Colomer (coord.), Tirant lo Blanch, Valencia, 2008, pág. 887.

la obstaculización de la investigación, o bien la ocultación, desaparición, distracción o destrucción de los instrumentos o efectos del delito (incluido obviamente el cadáver o, en el caso del enriquecimiento injustificado, el origen de los bienes). Todo ello forma parte de los derechos que recoge la Constitución y que se derivan esencialmente del derecho de defensa, porque en ninguna parte encuentra amparo una obligación de colaborar con la Administración de Justicia ni una obligación de decir verdad, y el hecho de ejercitarlos no puede implicar una sanción del tipo que sea[110].

No puede obviarse que el derecho a guardar silencio y a no declarar contra sí mismo están encaminados, entre otras cosas, a erradicar la posibilidad de obtener una declaración autoinculpatoria del imputado (típica del procedimiento inquisitivo) y que permitía el recurso a cualquier tipo de coacción[111]; de hecho, la STC 197/1995, de 21 de diciembre considera que los derechos a no declarar contra sí mismo y a no confesarse culpable *"son garantías o derechos instrumentales del genérico derecho de defensa, al que prestan cobertura en su manifestación pasiva, esto es, la que se ejerce precisamente con la inactividad del sujeto sobre el que recae o puede recaer una imputación, quien, en consecuencia, puede optar por defenderse en el proceso en la forma que estime más conveniente para sus intereses, sin que en ningún caso pueda ser forzado o inducido, bajo constricción o compulsión alguna, a declarar contra sí mismo o a confesarse culpable"*. En mi opinión resulta claro cuál es el fundamento de estos derechos, a no declarar, a no autoincriminarse, a guardar silencio, y consiste en la

---

110 GALLARDO ROSADO, *Los derechos a permanecer en silencio y a no declarar contra sí mismo*, cit., pág. 342.

111 Señala ASENCIO GALLEGO, *El derecho al silencio como manifestación del derecho de defensa*, cit., pág. 130 que *"es bien sabido que en el modelo inquisitivo, el investigado no era considerado como un sujeto del proceso, sino como un objeto, incluso de prueba, en el sentido más radical del término"*, de modo que señala se llevaba a cabo sin la intervención del investigado, sin información, permitiendo incluso *"métodos de coacción física tendentes a lograr su confesión"*

imposibilidad constitucionalmente reconocida y derivada directamente de un sistema acusatorio, de que el imputado se vea en modo alguno compelido a contribuir a su propia condena y/o imputación. Y también es clara la consecuencia que debe extraerse de esto, cualquier conducta, normativa o regulación por parte del Estado que afecte o quebrante este derecho mediante, por ejemplo, la sanción penal a quienes guardan silencio o mienten y no contribuyen a la averiguación de los hechos, en mi opinión no resulta legítima y nos hace retornar a épocas pretéritas en las que los derechos fundamentales recogidos esencialmente en el art. 24.2 CE, pero también en la LECrim, no existían.

De hecho, el propio Tribunal Constitucional en su Sentencia 142/2009, de 15 de junio señala que *"el imputado en un proceso penal no está sometido a la obligación jurídica de decir la verdad, sino que puede callar total o parcialmente o incluso mentir (…) y que no pueden extraerse consecuencias negativas para el acusado derivadas exclusivamente del ejercicio de su derecho a guardar silencio o de los derechos a no declarar contra sí mismo o a no confesarse culpable"*[112]. De ello se derivan diversas consecuencias: que el derecho al silencio está reconocido constitucionalmente, que se admite la posibilidad de mentir como manifestación del derecho de defensa y que el ejercicio de los mismos no puede conllevar implicaciones negativas para el inculpado.

En este mismo sentido, afirma PASTOR RUIZ[113] que *"cabe concluir la existencia de un derecho a mentir del imputado no absoluto sino relativo, basado en la imposibilidad de obligarle a decir verdad y subordinado al respeto al principio acusatorio que configura al proceso penal en nuestro Ordenamiento jurídico"*. Es decir, el acusado, imputado o condenado no puede ser obligado a decir la verdad ni a declarar, como señala la STC 198/2006, de 3 de julio al afirmar que *"al acusado le asiste*

---

112 SSTC 76/2007, de 16 de abril, 170/2006, de 5 de junio, 312/2005, de 12 de diciembre, entre otras.

113 PASTOR RUIZ, "El derecho a mentir: el tratamiento de la mentira del imputado", en *La Ley, 5165/2013*, pág. 4.

el derecho a guardar silencio total o parcialmente y no está sometido a la obligación jurídica de decir la verdad". De igual modo, ASENCIO MELLADO[114] admite la posibilidad de que la mentira del investigado constituya una manifestación del derecho de defensa, en tanto que si no hace uso de su derecho a guardar silencio, su declaración irá encaminada a ofrecer una versión de los hechos que no responda a la realidad, por cuanto una actuación diversa implicaría la confesión[115]. Incluso existe algún sector doctrinal que considera que en el caso de colisión de derechos fundamentales (el derecho a la defensa y el derecho al honor o a la integridad moral, por ejemplo) siempre ha de prevalecer el primero por cuanto es el fundamento en el que se sustenta el modelo acusatorio propio de nuestro proceso penal[116], de manera que esa posibilidad de mentir por parte del investigado o procesado no tendría límite alguno en principio.

Por ello, considera GALLARDO ROSADO[117] que pueden señalarse varias consecuencias del derecho de defensa y de las diversas manifestaciones del mismo: la facultad del imputado de abstenerse de hablar, la voluntad de su declaración y la libertad de decidir durante su declaración, y que pueden ser ejercitables ante cualquier autoridad respecto de la potencial comisión de un hecho delictivo de manera que el mismo debe probarse sin necesidad de que el investigado o detenido aporte elementos para ello, y señala que *"la colaboración del imputado al llevar a cabo su declaración,*

---

114 ASENCIO MELLADO, *Derecho Procesal penal*, Tirant lo Blanch, Valencia, 2012, pág. 81. En el mismo sentido, ASENCIO GALLEGO, *El derecho al silencio como manifestación del derecho de defensa*, cit., pág. 242.

115 Este planteamiento ha quedado reforzado tras la reforma llevada a cabo por la LO 13/2015, de 5 de octubre que deroga el art. 387 LECrim que establecía la obligación del juez instructor de exhortar al procesado de la obligación de decir verdad; cfr. ASENCIO GALLEGO, *El derecho al silencio como manifestación del derecho de defensa*, cit., pág. 238.

116 ASENCIO GALLEGO, *El derecho al silencio como manifestación del derecho de defensa*, cit., pág. 246.

117 GALLARDO ROSADO, *Los derechos a permanecer en silencio y a no declarar contra sí mismo*, cit., págs. 285 y 286.

depende exclusivamente de la voluntad que el mismo tenga de hacer uso de dicho instrumento declarativo como medio de defensa, de tal forma que no es posible forzarle para que manifieste ni su pensamiento ni un contenido concreto de este con la finalidad de favorecer los fines de la investigación"[118]. Sostiene ÁLVAREZ DE NEYRA[119] que el derecho a permanecer en silencio es un derecho de ejercicio sucesivo, al que puede acogerse el acusado cuantas veces sea llamado a declarar, ya sea en fase de instrucción o en el acto del juicio oral, convirtiéndose en una opción personal cuál de ellos quiere ejercitar en cada una de las posibles instancias.

Uno de los principales ámbitos en los que se pueden manifestar los efectos de este derecho es el relativo a las *prohibiciones probatorias*, que constituyen el núcleo esencial del proceso dentro de un Estado de Derecho tanto respecto al respeto de los derechos fundamentales como en relación con las formalidades de tramitación del proceso, que en ningún caso y bajo ninguna circunstancia pueden verse lesionados u obviados *"ni siquiera con el objetivo de lograr una mayor eficacia en la búsqueda de la verdad ni al llevar a cabo la investigación y persecución de los delitos"*[120]. Y precisamente dentro de estas prohibiciones, una de las principales e importantes es la de que nadie está obligado a declarar contra sí mismo, a aportar pruebas que le incriminen, a colaborar con la acusación o la Administración de justicia y, lo que resulta aún más relevante en relación con la tipificación de la nueva figura delictiva que estamos analizando, a con-

---

118 GALLARDO ROSADO, *Los derechos a permanecer en silencio y a no declarar contra sí mismo*, cit., pág. 289.

119 ÁLVAREZ DE NEYRA, "Alcance constitucional del Derecho a guardar silencio en el proceso penal", en *Revista Aranzadi de Derecho y proceso Penal*, nº 49, 2018, pág. 7; en el mismo sentido, ASENCIO GALLEGO, *El derecho al silencio como manifestación del derecho de defensa*, cit., pág. 259; GALLARDO ROSADO, *Los derechos a permanecer en silencio y a no declarar contra sí mismo*, cit., págs. 282 y 283.

120 GALLARDO ROSADO, *Los derechos a permanecer en silencio y a no declarar contra sí mismo*, cit., pág. 281.

figurar el delito sobre la base de la *coacción*[121], y no existe mayor coacción que la amenaza penal de responder por un delito, para que aporte información o datos que pudieran determinar la existencia o implicación en delito previos.

Afirma ASENCIO GALLEGO[122] que el investigado o procesado no puede ser obligado a realizar actuación alguna bien sea la aportación de datos, o bien sea la de información dado que *"nadie está obligado a colaborar en la recolección de pruebas que más tarde puedan determinar su condena"*[123]. Y esto es lo que podría producirse respecto del art. 438 *bis* CP, que las opciones que pudieran quedarle al sujeto serían: negarse a responder el requerimiento y ser sancionado por un delito de enriquecimiento injustificado, o bien responder al mismo aportando datos sobre el origen de sus bienes y asumir la posibilidad de ser imputado por el delito previo del que traigan causa los mismos.

No puede obviarse la existencia de tipos delictivos que ya castigaban esta falta de colaboración con la Administración de justicia, por ejemplo, negarse a realizar una prueba de alcoholemia (delito de desobediencia previsto en el art. 383 CP). En relación con este supuesto, cuya legitimidad también me resulta cuestionable pero que no es objeto del presente trabajo, se sostiene la existencia de una importante y radical diferencia en relación con el delito incluido ex novo: en el primero de los supuestos (la negativa a someterse a pruebas de alcoholemia) estaríamos ante casos consistentes en una *participación pasiva* por parte del sujeto inculpado, entendida como tolerar determinado tipo de intervenciones corporales generalmente que permitan

---

121 MUÑOZ CONDE, "De la prohibición de autoincriminación al derecho procesal del enemigo", cit., págs. 1013 y 1014.

122 ASENCIO GALLEGO, *El derecho al silencio como manifestación del derecho de defensa*, cit., págs. 263 y ss.

123 En este sentido, el TEDH ha considerado vulnerado el derecho recogido en el art. 6 CEDH en diversos casos en los que se condenó al acusado por negarse a colaborar con la aportación de pruebas, así en la Sentencia de 25 de febrero de 1993 (*caso Funke c. Francia*) y en la de 3 de mayo de 2001 (*caso J.B. contra Suiza*), entre otras.

obtener pruebas, de manera que el sujeto no "contribuiría" a la obtención de pruebas en su contra, sino que la Administración de Justicia las "obtendría" con los medios de los que legítimamente dispone para ello; por otro lado, en el caso del enriquecimiento injustificado, se trataría de una *participación activa y voluntaria*, es decir, un comportamiento positivo de colaboración del sujeto aportando información, datos o elementos que pudieran contribuir a su propia incriminación en un delito previo. Aquí ya no es la Administración de Justicia quien "obtendría" las pruebas, sino el propio inculpado quien se las facilitaría so pena de ser sancionado por otro delito (el enriquecimiento injustificado) si opta por no colaborar o bien obstruir. En mi opinión, tratar de evitar mediante su expresa criminalización esta abstención o negativa a declarar, guardar silencio e incluso mentir, pudiera resultar altamente cuestionable desde la perspectiva del respeto al derecho de defensa en todas sus manifestaciones[124], pero lo mismo podría afirmarse respecto de la denominada participación pasiva.

Sobre la base de la distinción entre ambos tipos de participación del sujeto bien sea pasiva (tolerando) o bien activa (aportando), el Tribunal Constitucional de manera reiterada ha avalado la constitucionalidad del delito de negarse a someterse a la prueba de alcoholemia (art. 383 CP), de modo que parece dejar al margen de la constitucionalidad aquellos supuestos de participación activa y voluntaria, por cuanto exigiría una obligada colaboración, imposible de sostener desde la perspectiva constitucional, del inculpado con la Administración de Justicia en relación con algún delito. A pesar de que, considero que el propio Tribunal Constitucional avala que no es factible la exigencia de participación activa del inculpado, entiendo que, en esencia,

---

124 REBOLLO VARGAS, "El derecho a guardar silencio, a no declarar contra sí mismo y a estar presente en juicio", cit., pág. 191; AZAUSTRE RUIZ, "La presunción de inocencia en el proceso penal: comentario a la Directiva (UE) 2016/343, del Parlamento Europeo y del Consejo, por la que se refuerzan determinados aspectos de dicha presunción", en *Revista Aranzadi Unión Europea*, nº 3, 2017, pág. 10.

no existe diferencia entre ambas. A mi juicio, en el caso que se ha expuesto de *participación pasiva*, en realidad se está obligando o coaccionando al sujeto, bajo la presión de responder por otro delito diverso (el art. 383 CP) a *tolerar* la práctica de dichas intervenciones que permitirán obtener pruebas en su contra en relación con un delito previo (conducción bajo los efectos del alcohol u otras sustancias) que implicaría que bien la autorización (pasiva) bien la colaboración (activa) conllevara una afección del derecho de defensa. En ambos casos se trataría de obligar al sujeto a colaborar con la Administración de Justicia en detrimento de sus derechos, bajo la "amenaza" de que, caso de no hacerlo, se responderá por un delito de desobediencia dado que no puede probarse el delito investigado por su falta de colaboración. Y en este sentido resulta muy claro el Voto Particular presentado por el magistrado Ruiz Vadillo a la STC 161/1997, de 2 de octubre[125] quien sostiene que *"obligar a una persona, bajo la amenaza de incurrir en un delito castigado con pena privativa de libertad, a someterse a las correspondientes pruebas de alcoholemia o de detección de drogas tóxicas, estupefacientes o sustancias psicotrópicas, representa en la práctica imponer al acusado la carga de colaborar con la acusación para el descubrimiento de la verdad en términos incompatibles con la libertad del ejercicio del derecho de defensa (...) le permite mantener una posición de pasividad que excluye toda idea de colaboración coercitiva (...) El imputado no tiene obligación de declarar contra sí mismo, y si declara y falta a la verdad, ningún reproche, desde la perspectiva jurídica, se le puede hacer"*. Es decir, afirma que el hecho de la amenaza penal de ser sancionado por un delito de desobediencia al negarse a someterse a pruebas de alcoholemia (art. 383 CP) vulnera la interdicción de coacción que se deriva del derecho de defensa. Desde esta postura que comparto plenamente, la coerción que se deriva de la amenaza de un posible castigo penal precisamente por el hecho de callar, no declarar, no colaborar o mentir estaría

---

[125] A este Voto particular se adhirió el Magistrado García-Mon y González.

vulnerando el derecho a no declarar contra uno mismo y a guardar silencio, y, por ende, el derecho de defensa.

Y si, como se ha expuesto, no se puede obligar al imputado a aportar elementos probatorios en su contra, ni a declarar, ni pueden tomarse como un indicio en contra del mismo para una ulterior condena[126], sino como el ejercicio puro del derecho de defensa que le asiste constitucionalmente, ¿cómo es posible que esas mismas conductas que constituyen el ejercicio legítimo de los derechos analizados (guardar silencio, no colaborar o incluso mentir u obstruir la investigación) puedan ser consideradas como delito? Entiendo que esta consideración es cuestionable por su colisión con los principios constitucionales y penales propios de un Estado democrático. Y de hecho, afirma REBOLLO VARGAS[127], siguiendo doctrina del TC[128], que dado que nuestro Ordenamiento jurídico no sanciona ni la falta de colaboración con la justicia, ni la obligación de decir verdad, *"no puede sostenerse, en modo alguno, que el ejercicio legítimo del derecho fundamental a no declarar pueda erigirse en elemento corroborado que coadyuve a la propia condena"*.

La consecuencia, en mi opinión, es clara: de ninguna forma puede obligarse, presionarse o coaccionar a un sujeto para que aporte información o datos que pueden implicar una autoincriminación de cualquier tipo o categoría, porque ello implicaría que se *"estaría induciendo al encausado a que declare, o en otras palabras, a que colabore, bajo pena de ser sancionado más gravemente en el caso de que opte por*

126 Señala REBOLLO VARGAS, "El derecho a guardar silencio, a no declarar contra sí mismo y a estar presente en juicio", cit., pág. 185 que en el art. 7,5 de la Directiva (UE) 2016/343 se afirma que el ejercicio del derecho a guardar silencio no se utilizará en su contra ni se considerará prueba de haber cometido la infracción de que se trate.

127 REBOLLO VARGAS, "El derecho a guardar silencio, a no declarar contra sí mismo y a estar presente en juicio", cit., pág. 187.

128 SSTC 159/2008, de 17 de noviembre, 75/2007 de 16 de abril y 76/2006, de 16 de abril.

no manifestar nada"[129]. Acertadamente afirma DE LA MATA BARRANCO[130] respecto del castigo de estas conductas en las que, de forma genérica, el sujeto no colabora con la Administración de Justicia, *"es que es su derecho..., o ¿es que también vamos a obligar al acusado a prometer o jurar verdad en sus declaraciones judiciales?"*. En mi opinión al menos, otro planteamiento distinto vulneraría de manera clara y directa el derecho de defensa y todas sus manifestaciones, en concreto el derecho a guardar silencio, respecto del cual no existen límites ni temporales ni de contenido. Y precisamente por ello resulta altamente cuestionable la posibilidad de incluir tipos delictivos cuyo contenido esencial radica concretamente en guardar silencio, es decir, en hacer ejercicio legítimo de un derecho fundamental, porque la pregunta es inmediata, ¿cómo puede ser delito ejercitar un derecho protegido constitucionalmente dentro de los parámetros legales para ello?

Son todas las cuestiones expuestas hasta este momento las que tomaremos en consideración a la hora de analizar el nuevo delito incorporado a nuestro ordenamiento jurídico tras la LO 14/2022, de 23 de diciembre en el art. 438 *bis* CP, y tratar de afirmar la legitimidad o no del mismo tanto desde los parámetros de los principios inspiradores del Derecho Penal, como desde los derechos constitucionalmente protegidos en el art. 24 CE.

---

129 ASENCIO GALLEGO, *El derecho al silencio como manifestación del derecho de defensa*, cit., pág. 309.

130 DE LA MATA BARRANCO, "Delito de abandono del lugar del accidente (autoencubrimiento) y otros delitos, cuando menos, curiosos: una mala legislación penal", en *Almacén de Derecho*, Febrero 18, 2019.

III. El delito de enriquecimiento injustificado

De todo lo expuesto en el apartado anterior es preciso retomar algunas ideas básicas a fin de enfrentar el análisis del delito que se analiza en este trabajo: el derecho de defensa es un derecho fundamental básico que opera como garantía de los ciudadanos ante cualquier tipo de proceso, esencialmente ante el proceso penal, pero también en relación con el procedimiento administrativo sancionador; de este derecho de defensa se derivan otra serie de derechos como manifestaciones del mismo: derecho a no declarar contra uno mismo, a no confesarse culpable, a no autoincriminarse, a no colaborar con la acusación o la Administración de Justicia y a guardar silencio. Todo ello amparado sobre la base del sistema acusatorio que conlleva, entre otras muchas cosas, la interdicción de coaccionar o presionar al investigado o procesado a fin de que contribuya al esclarecimiento de hechos en los que ha podido participar.

Como primer aspecto a señalar quisiera hacer referencia a algo que ya se ha expuesto en diversas ocasiones a lo largo de este trabajo pero que considero esencial para sostener la postura que en el mismo se mantiene. El nuevo tipo penal incluido en el art. 438 *bis* CP se configura como delito de desobediencia de modo que para su realización bastarían dos elementos: la infracción del deber específico de declarar incrementos patrimoniales de algunos servidores públicos y la negativa a dar respuesta al requerimiento para que justifique la procedencia de los mismos. Desde esta estructura, en puridad, sería complicado sostener que se vulnera el derecho a no declarar o el derecho de defensa por cuanto la declaración no supondría un indicio para sancionar por el delito de enriquecimiento, sino todo lo contrario, para no sancionar. Lo que, a mi juicio supone la vulneración del derecho de defensa y de muchos de sus derechos instrumentales es el propio delito de desobediencia, por cuanto, su único fundamento es, al menos en mi opinión, "obligar" mediante la amenaza de sanción penal por un delito instrumental (el del art. 438 *bis* CP) al sujeto activo a aportar información o datos que pudieran implicar su incriminación respecto de delitos previos que, o bien no han sido detectados hasta el momento, o bien (y esto es lo más habitual) no pueden ser probados.

Evidentemente cuando se realiza la afirmación de que se prohíbe la coacción sobre el acusado inevitablemente se recurre a la idea de prohibición de la tortura y tratos inhumanos o degradantes, amenazas o cualquier otro tipo de atentado contra la dignidad a fin de obtener una confesión; pero no sólo esas formas constituyen modalidades de coerción a los efectos de lograr la colaboración del encausado para el esclarecimiento o investigación de los hechos. Como ya expuse, considero que la existencia de una amenaza penal de imposición de una pena por el mero hecho de guardar silencio, no declarar, no colaborar con la Administración de Justicia o incluso obstaculizar la investigación, tiene el mismo grado de coerción que la que pueda proceder de una presión física para la obtención de una confesión o aportación de datos. Es decir, amenazar con el castigo por un delito diverso de aquel que pretende averiguarse o probarse si el sujeto no colabora aportando datos que permitan esclarecer el hecho delictivo, es un procedimiento coactivo para obtener esa colaboración; y, en tanto que procedimiento coactivo, debería estar vedado en aras del respecto al derecho de defensa y a las diversas manifestaciones del mismo propias del sistema acusatorio. Esta es la primera de las razones en virtud de las cuales considero que el nuevo delito de enriquecimiento injustificado plantea importantes cuestionamientos en orden al respeto a derechos fundamentales constitucionalmente protegidos.

La segunda es casi tan evidente como la primera, si algunas manifestaciones del genérico derecho de defensa que hemos analizado son, precisamente, el derecho a no declarar contra uno mismo, a no confesarse culpable, a guardar silencio y a no colaborar con la Administración de Justicia, estos serían, así mismo, derechos fundamentales que el investigado o procesado puede legítimamente ejercitar en cualquier momento de la tramitación de procedimientos sancionadores. Si decide hacer uso de ellos, esto es, si decide guardar silencio, no colaborar o incluso mentir, está amparado por su derecho fundamental y actuar amparado bajo un derecho fundamental no puede ser constitutivo de un delito.

1. PRECISIONES PREVIAS SOBRE EL DELITO DEL ART. 438 BIS CP

Como se ha expuesto en el primero de los epígrafes, son diversos los problemas que se derivaban de la configuración del delito de enriquecimiento ilícito que partía de la propuesta realizada por la normativa internacional y, en concreto, del art. 20 CNUCC, que podrían identificarse con la afección, si no vulneración, de distintos derechos y principios constitucionales como la presunción de inocencia al poder conllevar una inversión de la carga de la prueba y la obligación del acusado de acreditar el origen del incremento de su patrimonio, el derecho a no declarar contra sí mismo, el derecho de defensa sobre todo desde la perspectiva del derecho a guardar silencio y a no autoincriminarse en tanto que de no dar razón del origen lícito de los bienes podría ser sancionado por enriquecimiento aunque no se hubiera probado la ilicitud de su procedencia en tanto que se presumía; y ello afectaría también al principio de legalidad dado que se estaba realizando una presunción automática de ilicitud sin pruebas ni indicios que lo avalasen salvo el mero enriquecimiento[131]. Todo ello determinaba que fueran numerosas e importantes la críticas doctrinales, jurisprudenciales e incluso de organismos internacionales en relación con la implementación de la regulación propuesta por el CNUCC. De hecho, en Informes internacionales se consideró que el delito de enriquecimiento ilícito era *"incompatible con la presunción de inocencia contenida en el art. 24 de la Constitución española y su interpretación por el Tribunal Constitucional"*[132], lo que llevó a que muchas propuestas realizadas respecto de la posible tipificación de esta conducta no fueran aprobadas en ningún momento en nuestro país[133].

Ante esta situación de evidente y claro rechazo del delito de enriquecimiento ilícito en la configuración que tradicionalmente se había barajado sobre la base de la propuesta realizada por el art. 20 CNUCC, nuestro legislador en la LO 14/2022, de 22 de diciembre da un giro radical a lo que se había planteado hasta el momento e introduce un nuevo artículo, el 438 *bis* CP, que incorpora la sanción al incremento patrimonial no razonable del sujeto activo (en

---

131 CARDENAL MONTRAVETA/ROGE SUCH, *Manual de Derecho Penal, Parte Especial*, tomo I, 3ª ed., Corcoy Bidasolo (direct.), Tirant lo Blanch, Valencia 2023, pág. 731.

132 RAGA VIVES, "Del enriquecimiento ilícito a la desobediencia", cit., pág. 7 mencionando el Informe sobre el examen del país del Reino de España: Evaluación de Bélgica y Lituania sobre la aplicación de parte del Reino de España de Capítulo III y IV de la Convención de Naciones Unidas contra la corrupción, ciclo de examen 2010-2015.

133 Han sido muchos los intentos de incorporación de este tipo penal, para ello vid. RAGA VIVES, "Del enriquecimiento ilícito a la desobediencia", cit., págs. 3 y ss.; BLANCO CORDERO, "El debate en España sobre la necesidad de castigar penalmente el enriquecimiento ilícito de empleados públicos", cit., págs. 11 y ss.; SÁNCHEZ BENITEZ, "El delito de enriquecimiento ilícito: ¿Una propuesta inconstitucional?", en *Revista Electrónica de Estudios Penales y de la Seguridad*, 4, 2019, págs. 4 y ss.; MIR PUIG, "El delito de enriquecimiento ilícito o injusto", en *Un modelo integral de Derecho penal: Libro Homenaje a la Profesora Mirentxu Corcoy Bidasolo*, vol. 2, Boletín Oficial del Estado, Madrid, 2022, págs. 286 y ss.; OLAIZOLA NOGALES, "El delito de enriquecimiento ¿no justificado? ¿ilícito?", cit., págs. 187 y ss., entre otros.

este caso, sólo la autoridad) configurándolo como un delito de desobediencia[134], mediante la cual ya no se sanciona el enriquecimiento ilícito del sujeto activo presumiendo que tiene un origen ilícito o delictivo, sino el hecho *de no haber justificado un incremento patrimonial relevante* partiendo de la base de que, en relación al puesto que ocupa tendría la obligación de hacerlo[135]. De este modo, el elemento central del delito se ubica en la previa infracción o violación de un deber del sujeto activo de declarar su incremento patrimonial, y la posterior negativa a responder a los requerimientos para que justifique el origen del mismo. Y con ello, consideran que se salvarían los obstáculos de constitucionalidad que podría representar la regulación procedente de la normativa internacional[136].

Sin embargo, a pesar de lo sostenido por la doctrina que defiende la constitucionalidad de la regulación típica del delito que estamos analizando, a mi juicio se van a producir diversos problemas tanto de *nomen iuris*, como otros más relevantes de legitimidad en relación con la identificación de un bien jurídico, de interpretación de los elementos típicos, pero sobre todo, y nuevamente, si bien no sobre la base de una presunción expresa que claramente suponga una lesión de la presunción de inocencia (aunque como se expondrá siguen existiendo presunciones que se derivan de

---

134 Siguiendo para ello la línea de tipificación contenida en la legislación argentina, y, más recientemente, en la portuguesa.

135 Establece el art. 438 *bis* CP que *"la autoridad que, durante el desempeño de su función o cargo y hasta cinco años después de haber cesado en ellos, hubiera obtenido un incremento patrimonial o una cancelación de obligaciones o deudas por un valor superior a 250.000 euros respecto de sus ingresos acreditados, y se negara abiertamente a dar debido cumplimiento a los requerimientos de los órganos competentes destinados a comprobar su justificación, será castigada con las penas de prisión de seis meses a tres años, multa del tanto al triplo del beneficio obtenido, e inhabilitación especial para empleo o cargo público y para el ejercicio del derecho de sufragio pasivo por tiempo de dos a siete años"*.

136 Avalando esta posibilidad RAGA VIVES, "Del enriquecimiento ilícito a la desobediencia", cit., págs. 15 y ss.; GONZÁLEZ CUSSAC, *Derecho Penal, Parte Especial*, cit., pág. 782; CARDENAL MONTRAVETA/ ROGE SUCH, *Manual de Derecho Penal. Parte especial*, cit., pág. 731.

otros elementos del tipo penal), surgen aspectos cuestionables en relación con otros derechos constitucionalmente protegidos como el derecho de defensa, a guardar silencio o a no declarar contra sí mismo.

En este epígrafe se hará referencia a algunas de estas cuestiones que hemos mencionado, y otras serán tratadas a lo largo de los restantes apartados de este trabajo por razones de ubicación sistemática y a fin de evitar reiteraciones.

1.1. La cuestión del nomen iuris del delito: ¿enriquecimiento ilícito o enriquecimiento injustificado?

Señala el apartado VII del Preámbulo de la LO 14/2022, de 22 de diciembre que *"la presente reforma introduce por primera vez en el ordenamiento jurídico español el delito de* ***enriquecimiento ilícito****"* (la negrita es mía). De este modo, el legislador español sigue optando por la denominación de enriquecimiento ilícito de manera que lo que parece sancionar el nuevo precepto es un incremento de patrimonio de origen ilícito y, como se ha expuesto, ello ya no es posible tanto por las críticas de inconstitucionalidad respecto de la tradicional configuración del delito de enriquecimiento ilícito, como por la estructura y redacción típica contenida en el nuevo art. 438 *bis* CP. No es posible porque la presunción de ilicitud del incremento patrimonial ha sido declarada contraria a nuestra Constitución en diversas ocasiones, y tampoco es así porque el precepto no sanciona un mero enriquecimiento, ilícito o no ilícito, sino una conducta diversa que se configura como delito de desobediencia cual es que, constatado un incremento de patrimonio respecto del cual existía un deber específico de declarar, no se dé razón de la procedencia o justificación del mismo ante los requerimientos de los órganos competentes. Sostiene RAGA VIVES[137] que *"la configuración típica descansa en un*

---

[137] RAGA VIVES, "Art. 438 bis", en *Comentarios al Código penal*, tomo II, Cuerda Arnau (direct.), Tirant lo Blanch, Valencia, 2023, pág. 2735.

enriquecimiento injustificado y un deber de comunicación y correlativa justificación patrimonial" de modo que *"una vez hallada esa incongruencia patrimonial y no comunicada con la correspondiente infracción del deber específico de hacerlo, el órgano competente verificará que ha habido un afloramiento injustificado y que corresponde al período de interés que fija la ley"*.

En definitiva, al menos en apariencia, el núcleo ya no es el carácter de ilícito o no del incremento patrimonial que de hecho, de la dicción literal del precepto (al margen de las consideraciones de *ratio criminis* que se realizarán más adelante) podría tener perfectamente un origen lícito (una herencia o un premio de lotería) pero que el sujeto no quiere, por las razones que sea, declarar; el elemento central lo constituye, en principio, la infracción de una obligación, la de transparencia, de manera que la negativa reiterada a dar una justificación de la procedencia es lo que conllevará la sanción penal[138]. En consecuencia, si la procedencia ilícita o no de los bienes pierde relevancia penal en relación con esta nueva figura delictiva, y la adquiere la falta de justificación de la misma estructurándolo como un delito de infracción del deber y de desobediencia, difícilmente podría hablarse de "enriquecimiento ilícito" por cuanto lo ilícito o no del incremento ya no tiene trascendencia (o al menos eso pudiera parecer), sino "enriquecimiento injustificado" dado que lo que se sanciona es la falta de justificación del origen de los bienes cuando así se requiera[139].

Efectivamente, la nueva configuración del tipo penal tiene cierto grado de transcendencia, tanto respecto de la potencial indiferencia en relación con el origen de los bienes, como respecto a qué comportamiento (la falta de jus-

---

138 RAGA VIVES, "Art. 438 bis", cit., pág. 2736.

139 Denominan este tipo penal como enriquecimiento injustificado, GONZÁLEZ CUSSAC, *Derecho penal, Parte especial*, cit., pág. 82; OLAIZOLA NOGALES, "El delito de enriquecimiento ¿no justificado? ¿ilícito?, cit., pág. 181; RAGA VIVES, "Art. 438 bis", cit., pág. 2735 y ss.

tificación ante requerimientos, esto es, la desobediencia) configura el tipo penal. RAGA VIVES[140] entiende, acertadamente en este punto, que el nuevo delito no sanciona por la posesión ilícita de bienes, sino por la negativa reiterada a responder a los requerimientos de los órganos competentes, y en ello se separa claramente nuestra normativa de las recomendaciones de origen supranacional. Dos posibles opciones se plantearían en relación con el castigo de esta "posesión ilícita": en primer lugar que el adjetivo ilícita vaya referido al sustantivo "posesión", y esto convertiría en delito de manera automática cualquier tipo de incremento patrimonial que no haya sido debidamente declarado o que no responda a la coherencia con los ingresos que lícitamente se obtienen; o dicho de otro modo, se sancionaría el mero incremento patrimonial no declarado o no razonable. La segunda de las opciones sería considerar que el calificativo no va referido a la posesión en sí, sino al carácter de los bienes que se poseen, y en este caso, entiendo que la posesión de bienes injustificados respecto de los que se presume un origen ilícito ya encuentra perfecto acomodo en el delito de blanqueo, lo que implicaría que, de ser ésta la conducta sancionada, nos encontráramos ante una evidente superposición de normas penales. Desde esta perspectiva expuesta, la única interpretación posible, a mi juicio, sería la de entender que el motivo esencial del castigo no es el origen de los bienes, sino el quebrantamiento del deber de declaración que corresponde al sujeto activo. En consecuencia, no estaríamos ante la sanción de un incremento patrimonial que se presume que procede de delitos previos (o al menos eso parece derivarse de la regulación penal en principio), sino del castigo del incumplimiento de un deber por parte del sujeto obligado (la declaración del incremento del patrimonio) y la negativa o no atención posterior a los requerimientos de las autoridades competentes. Así, si el origen de los bienes, atendiendo a la descripción

---

140 RAGA VIVES, "El nuevo delito de desobediencia por enriquecimiento injustificado", cit., págs. 197 y ss.

típica contenida en el art. 438 *bis* CP resulta totalmente irrelevante por cuanto los elementos esenciales del tipo son la ausencia de declaración del incremento patrimonial (infracción del deber) y la negativa u omisión de justificación ante los requerimientos (desobediencia), lo que se castiga no es otra cosa que el *enriquecimiento injustificado*, sea cual sea el origen del incremento patrimonial[141].

Ciertamente, no es posible otra denominación diversa, por mucho que lo haga el Preámbulo de la LO 14/2022, que la de enriquecimiento injustificado, so pena de vulnerar el principio de legalidad y la regulación típica concreta que se realiza en el precepto analizado. Pero, siendo esto cierto, no es, sin embargo, incuestionable, porque, como se expondrá en el siguiente apartado, la verdadera *ratio criminis*, es decir, el auténtico presupuesto de base que se identifica claramente en la criminalización de estos incrementos patrimoniales, que no es única ni principalmente la sanción de la infracción de un deber específico, que, por otra parte tendría solución por la vía administrativa, sino y aquí sí, tal como se establece en la LO 14/2022, la lucha contra la corrupción.

1.2. La ratio criminis y el presupuesto de partida del delito de enriquecimiento injustificado

Al principio de este trabajo señale que la Recomendación de la normativa supranacional de incluir en las legislaciones de los distintos Estados un tipo penal que sancionara los casos en los que determinados servidores públicos (funcionarios y/o autoridad) experimentaran un relevante e inexplicable incremento patrimonial, se basaba en la lucha contra la corrupción, de manera que pudiera castigarse la conducta, generalmente derivada de la comisión de un delito previo, de aquel servidor público que de manera

---

141 OLAIZOLA NOGALES, "El delito de enriquecimiento ¿no justificado? ¿ilícito?", cit., pág. 190.

indebida y a costa de su cargo se enriqueciese de forma notoria y evidente. Ello implicaba que este mandato de regulación se concibiera como un instrumento de lucha contra la *corrupción*. Y esta perspectiva no es ni neutra ni irrelevante, porque si la razón básica de la Recomendación radica en la lucha contra la corrupción, ello implicaría que el presupuesto del delito que se pretenda incluir debe centrarse en la constatación de que la ilicitud de los bienes que posea el sujeto se derive de acciones que guarden relación con la función o cargo de los sujetos y que respondan al fenómeno de corrupción. En consecuencia, si convertimos la corrupción e ilicitud del origen de los bienes en el eje sustantivo de este delito, al margen de la estructura concreta que le estemos dando, so pena de perder de vista cual ha sido la verdadera *ratio criminis* del precepto, estaríamos sancionando una presunción de ilicitud de los bienes por proceder de la corrupción y actividades ilícitas o delictivas que nuevamente nos avocarían a la suposición de la existencia de delitos previos que no han podido demostrarse.

Ciertamente, la doctrina señala que ya no es relevante ni la vinculación con el fenómeno de la corrupción ni la procedencia de los bienes, que incluso puede ser lícita, sino que lo que se sanciona es no justificar, una vez requerido, su origen[142]. Y obviamente ello puede ser así, por cuanto de la dicción literal del precepto es lo que cabe interpretar, pero, a mi modo de ver, esa interpretación no resultaría concordante con distintos aspectos básicos de la sanción de este tipo penal.

En primer lugar, por lo indicado en el propio Preámbulo de la LO 14/2022, de 23 de diciembre que introduce este precepto, que en su apartado VII afirma expresamente que la creación del delito de enriquecimiento ilícito sirve de base a la lucha contra la corrupción. Dos ideas claras pueden destacarse en este Preámbulo como *ratio criminis* y

---

142 RAGA VIVES, "Art. 438 bis", cit., pág. 2736; también dudando sobre su relevancia, OLAIZOLA NOGALES, "El delito de enriquecimiento ¿no justificado? ¿ilícito?", cit., pág. 188.

fundamento de la regulación típica: la conexión directa del delito con el fenómeno de la corrupción, y la idea subyacente en todo momento de que el incremento patrimonial que sufre el sujeto debe tener un origen ilícito y, esencialmente, delictivo. Nada que ver con la interpretación literal que de la regulación típica que del delito contiene, posteriormente, el art. 438 *bis*, donde las ideas de corrupción o ilicitud no aparecen de manera expresa en el texto, aunque pueda resultar, en cierta manera, evidente que sí subyacen al mismo.

A ello se unen otras razones que permiten mantener tal fundamento y motivación. Por ejemplo, el hecho de que se haya ubicado sistemáticamente entre los delitos contra la Administración Pública y se configure como un delito especial que, sorprendentemente, sólo puede ser cometido por autoridad y no por funcionario público, parece constatar la clara vinculación entre el incremento patrimonial y el cargo público que se ocupa. A ello se une un tercer elemento que pudiera servir para constatar esta vinculación como es el hecho de que uno de los elementos del tipo penal tiene naturaleza temporal indicando que el aumento del patrimonio debe producirse *durante el desempeño de su función o cargo y hasta cinco años después de haber cesado en ellos.* Es evidente, por tanto, la existencia de esta conexión entre el ejercicio del cargo y el enriquecimiento[143].

Esta vinculación que sí parece desprenderse de la descripción típica y su ubicación sistemática implica poder considerar que el enriquecimiento o incremento patrimonial al que se refiere debe ir conectado causalmente con la existencia de corrupción; corrupción que, obviamente no es la que se deriva del propio delito de desobediencia que consiste en la infracción de un deber meramente formal (la declaración de bienes) y de la negativa a dar justificación de los mismos. En relación con la corrupción,

---

143 OLAIZOLA NOGALES, "El delito de enriquecimiento ¿no justificado? ¿ilícito?", cit., pág. 189.

tal como pone de manifiesto NIETO MARTÍN[144], pueden barajarse dos conceptos diversos: uno *amplio* entendiendo por tal el abuso de poder de un servidor público con el fin de obtener una ventaja para sí mismo o para un tercero que es el que parece derivarse de la normativa internacional, y uno *estricto* según el cual corrupción sería la infracción de un deber posicional derivado del desempeño de una determinada función *a cambio de un beneficio al cual no se tiene derecho*[145]. En un primer análisis la opción por uno u otro de los conceptos podría permitirnos afirmar o no que el delito de enriquecimiento injustificado responde, por sí mismo, al fenómeno de la corrupción. En el caso de optar por un concepto amplio, es decir, el abuso de poder de un servidor público que implica una relación directa entre el incremento patrimonial y el abuso de poder mencionado, determinaría tener que negar la posibilidad de que el tipo penal regulado en el art. 438 *bis* CP se pueda considerar por sí mismo como corrupción. Mas complicada resultaría esta exclusión si se optara por una concepción estricta del mismo, por cuanto la esencia de lo que deba considerarse corrupción estaría, inicialmente en el hecho de la infracción de un deber posicional que se deriva del desempeño de una determinada función, y hasta aquí resultaría innegable que el nuevo delito de enriquecimiento injustificado justamente sanciona este comportamiento, esto es, la infracción de un deber (el de transparencia) que se deriva de la posición que ocupa el servidor público; pero la definición estricta incorpora un elemento más, justo el elemento que permitiría diferenciar, al menos en mi opinión, entre el ilícito administrativo y el injusto penal, como es que, a cambio de esa infracción del deber, se obtenga un *beneficio al cual no se tiene derecho.* Beneficio que, en el caso del en-

144 NIETO MARTÍN, *Nociones fundamentales de Derecho penal, Parte especial*, vol. II, Gómez Rivero (direct.), Tecnos, 2019, pág. 479.

145 Sobre el concepto de corrupción se han pronunciado diversos autores, para un estudio más detallado de las distintas definiciones vid. GARCÍA ARROYO, *Los delitos de cohecho antecedente*, cit., págs. 113 a 124.

riquecimiento injustificado, en modo alguno puede sostenerse que proviene de la infracción del deber, sino que entendiendo el incremento patrimonial como un "beneficio indebido", lo cual es, a mi parecer mucho entender, este beneficio sería preexistente a la infracción del deber, de hecho sería el que motivaría el incumplimiento de su obligación por no haber sido declarado. En resumen, se opte por una u otra de las definiciones de corrupción que se han señalado, es altamente cuestionable la posibilidad de identificar el delito de enriquecimiento injustificado como una manifestación de la misma.

Se hace, por tanto necesario, si se pretende atender a la *ratio criminis* que subyace tanto en las normativas internacionales como en el propio Preámbulo de la LO 14/2022, identificar en qué aspecto concreto se conecta el delito previsto en el nuevo art. 438 *bis* CP con el fenómeno de la corrupción. Ello nos lleva inevitablemente a tener que reconocer que, a pesar de no aparecer expresamente en el precepto, la motivación que subyace en la regulación de este delito es el hecho de que el incremento de patrimonio que tiene el sujeto activo se derive directamente de la realización de algún comportamiento ilícito (generalmente un hecho delictivo que guarde relación con los delitos contra la Administración Pública o de cualquier otro en el cual el sujeto pueda prevalerse de su condición) realizado en el ejercicio de su cargo. Y ello no es sino una manifestación de la corrupción que es el presupuesto esencial que desde la propia concepción tradicional de enriquecimiento ilícito que se derivaba de la normativa internacional y del art. 20 del CNUCC, se había barajado en todo momento.

En mi opinión, lo que realmente se está produciendo es la creación de una nueva presunción, esta vez tácita, por cuanto el enriquecimiento injustificado se identifica con ilícito[146], pero no por el hecho de no dar explicación

---

146 Afirma QUINTERO OLIVARES, "Una guarnición: el delito de enriquecimiento ilícito", en *Almacén de Derecho*, 30 de diciembre de 2022, https://almacendederecho.org/una-guarnicion-el-enriquecimien-

o justificación sobre su origen (esto constituye el método a través del cual se intenta legitimar la criminalización de este comportamiento), sino porque se entiende que, en los supuestos previstos en el precepto, el incremento del patrimonio necesariamente tiene un origen delictivo directamente relacionado con la corrupción, pero no existe la posibilidad de probar ese delito previo. Muy clara a este respecto resulta la afirmación de MUÑOZ CONDE[147] al señalar que *"en la práctica puede servir para castigar penalmente al sujeto que ha cometido otros delitos antecedentes que le han supuesto un enriquecimiento ilegal (por ejemplo, de malversación o cohecho) pero que no pueden ser demostrados. Es, pues, una especie de calificación alternativa que se ofrece al juzgador cuando no se puede demostrar el delito o delitos que han generado ese enriquecimiento ilícito"*. Y, efectivamente, esta y no otra es la razón de la tipificación: las dificultades probatorias que plantea el delito previo del cual traen causa los bienes.

Pueden, por tanto, establecerse dos conclusiones claras de todo lo expuesto hasta el momento: la primera es que el incremento no justificado de patrimonio no es delito en sí mismo, sólo pasaría a serlo cuando concurran los elementos descritos en el art. 438 *bis* CP lo que, como hemos expuesto, y atendiendo también a lo establecido en el Preámbulo de la LO 14/2022, implica su directa conexión con la corrupción y la actuación ilícita o delictiva del sujeto activo; y la segunda, si la corrupción y el origen ilícito, a pesar de la redacción del tipo penal, siguen siendo los presupuestos básicos que motivan la tipificación, existe una presunción de ilicitud del patrimonio que se no se fundamenta en la conducta actual del sujeto de negarse a dar información sobre su origen, sino en la conducta previa del mismo de comisión de un ilícito del cual trae causa el patrimonio[148],

---

to-ilicito (ult. cónsul. 7 de noviembre de 2023), que se produce *"la equiparación de lo 'inexplicable' con lo 'delictivo'"*.

147 MUÑOZ CONDE, *Derecho Penal, parte especial*, 25ª ed., Tirant lo Blanch, Valencia, 2023, pág. 1026.

148 Sin embargo, sostiene GONZÁLEZ CUSSAC, *Derecho penal, Parte especial*, cit., pág. 782 que el delito del art. 438 *bis* CP se estructura como

presunción de ilicitud que señala MUÑOZ CONDE, en el fondo está construyendo nuevamente un *delito de sospecha*[149], sea cual sea la estructura típica que se le otorgue en la actualidad.

De hecho, si lo que realmente importara al legislador a la hora de introducir esta nueva figura delictiva fuera, simplemente, el hecho de que el sujeto incumpliera su deber de declaración del incremento patrimonial o el origen de los mismos, existían instrumentos suficientes y menos vulneradores de los principios inspiradores del Derecho penal, como el de intervención mínima o de los derechos fundamentales, que permitieran dar respuesta a este comportamiento. La infracción del deber de declarar el patrimonio mediante la normativa administrativa al respecto, y la falta de declaración de los bienes y del incremento mediante el correspondiente fraude fiscal administrativo si la cuota fuera inferior a 120.000 euros o por el correspondiente delito si fuera superior[150], sin que fuera preciso introducir ningún tipo delictivo nuevo para hacer frente a estos supuestos.

Ahora bien, a pesar de todo lo señalado, y al margen de cual, en mi opinión, siga siendo el presupuesto básico de la sanción de quien incrementa su patrimonio de manera indebida, lo cierto es que la dicción literal del precepto es la que es. Y atendiendo a esa redacción, lo que se sanciona no es el enriquecimiento, sino negarse a cumplir los requerimientos para justificar el incremento patrimonial, es decir, desobedecer a las autoridades competentes (eso sí, acompañado de diversos elementos o requisitos). El problema surge del hecho de que la sanción de esa desobediencia

---

un delito de desobediencia *"evitando cualquier presunción sobre el origen ilícito de los bienes no declarados"*.

149 MUÑOZ CONDE, *Derecho penal, Parte especial, ibidem.*

150 MUÑOZ CUESTA, "El nuevo delito de desobediencia del art. 438 bis CP introducido por la LO 14/2022", en *Revista Aranzadi Doctrinal,* nº 5, 2023, BIB 2023/983, pág. 2; QUINTERO OLIVARES, "Una guarnición: el delito de enriquecimiento ilícito", cit.

que es la que se castiga, podría implicar la vulneración del derecho fundamental de defensa, derecho al silencio y derecho a no declarar contra sí mismo, regulados en el art. 24 CE, si el origen de los bienes es un hecho delictivo previo (que como se ha señalado, en esencia es la principal motivación de la tipificación penal). Ello determina que, por la vía de configurar como delito de desobediencia la conducta del sujeto que no quiere declarar o justificar su incremento patrimonial, se está "obligando" al sujeto a hacerlo de manera coercitiva bajo la amenaza de la imposición de una pena. Efectivamente, no es, como ya se ha señalado reiteradamente, que el hecho de no atender al requerimiento de las autoridades competentes que configura el delito de desobediencia suponga la vulneración del derecho de no declarar, sino que es el mismo delito del art. 438 *bis* CP el que lesiona, a mi juicio, el mencionado derecho al "obligar" a aportar datos o información que podrían incriminar al sujeto en otro delito previo que no está siendo analizado. Poca coerción mayor puede imaginarse que la amenaza penal de imposición de una pena, y ello implica que no sólo se lesionen las bases esenciales de un Estado de Derecho, sino que se convierta en delito el ejercicio legítimo de un derecho fundamental como sería el hecho de guardar silencio o no declarar si ello implica una autoincriminación, situación cuya constitucionalidad sería altamente cuestionable. Y lo sería, a mi modo de ver, por dos razones: porque no se puede obligar al inculpado a colaborar con la Administración de Justicia, y porque no declarar o mentir es una manifestación del derecho de defensa que en modo alguno debería constituir un delito[151].

Sin embargo, es preciso señalar que un sector doctrinal avala la constitucionalidad de este precepto en su actual regulación considerando que elude los problemas que planteaba la derivada de la normativa internacional al tipi-

---

151 RODRÍGUEZ MOLINA, *La atenuante de dilaciones indebidas y su aplicación jurisprudencial*, cit., pág. 68.

ficarlo como enriquecimiento ilícito[152]. Así RAGA VIVES[153] aboga por la legitimidad constitucional del precepto sobre la base de que *"el delito no exige la colaboración del acusado para probar los elementos del delito (...) Podría parecer que este problema no ha desaparecido ya que, el acusado, bajo amenaza de incurrir en un delito de desobediencia (en un estadio anterior), se verá compelido a declarar sobre el origen de sus bienes. Lo cierto es que, a diferencia de la regulación de la ONU, aquí se parte de que existe una* obligación legal, *cuando se ostenta una determinada condición, de declarar bienes. Esa obligación es el* presupuesto de la infracción, *aunque ciertamente la cuestión no quede exenta de dificultades"*.

Como puede deducirse de la postura que se acaba de exponer, el fundamento se encierra en la existencia de una obligación o deber específico y en la inexistencia de justificación ante el requerimiento; al margen de lo cuestionable que pudiera resultar que la existencia de cualquier tipo de deber u obligación previa pueda hacer decaer la prevalencia del derecho a no declarar contenido en el art. 24 CE, lo cierto es que la existencia o no de la mencionada "obligación" incumplida por el sujeto activo, la trascendencia de la misma y la posibilidad de sustentar, sobre la base de su concurrencia, una especie de "exclusión" o restricción del derecho de defensa o a no declarar contra sí mismo se convierten en aspectos esenciales para afirmar o no la legitimidad del nuevo precepto. Y ello pasa también, a fin avalar la existencia y el alcance de la mencionada obligación, por la identificación del objeto de tutela de este nuevo delito.

---

152 GONZÁLEZ CUSSAC, *Derecho penal, Parte especial*, cit., pág. 782; RAGA VIVES, "Art. 438 bis", cit., pág. 2737; CARDENAL MONTRAVETA/ROGE SUCH, *Manual de Derecho penal, Parte Especial*, cit., pág. 731.

153 RAGA VIVES, "El nuevo delito de desobediencia por enriquecimiento injustificado", cit., pág. 202.

2. EL BIEN JURÍDICO PROTEGIDO Y LA NATURALEZA DEL DELITO DE ENRIQUECIMIENTO INJUSTIFICADO: ¿UN DELITO DE DESOBEDIENCIA CON LESIVIDAD OBJETIVA?

La doctrina que aboga por la legitimidad del tipo penal introducido en el nuevo art. 438 *bis* CP se fundamenta esencialmente en la idea de la existencia de una *obligación legal* del sujeto activo de declarar los incrementos de su patrimonio, y en la *infracción de dicho de deber* que se deriva de la conducta sancionada en el precepto, esto es, la negativa reiterada a justificar la procedencia de los bienes. Sobre esta base es, precisamente, por lo que se configura como un delito de desobediencia entendiendo que desatender a los requerimientos realizados en relación con personas especialmente obligadas constituiría la base necesaria para poder afirmar la legitimidad de la conducta. Son varias las consideraciones que deben realizarse en relación con este apartado: la identificación de la mencionada obligación, la trascendencia que el incumplimiento de la misma tiene en el sentido de si debe tratarse de una naturaleza eminentemente penal o administrativa, si, por ello, se configura como un delito de infracción de deber que sería potencialmente lesivo respecto del teórico bien jurídico, y obviamente la identificación del mismo.

Afirma OLAIZOLA NOGALES[154] que la configuración del nuevo delito contenido en el art. 438 *bis* como un delito de desobediencia había sido reclamada por parte de la doctrina por entender que respetaba en mayor grado los parámetros de un sistema garantista al no derivarse la sanción de una presunción previa sino de una clara infracción de un concreto deber que afecta a los servidores públicos por

---

[154] OLAIZOLA NOGALES, "EL delito de enriquecimiento ¿no justificado? ¿ilícito?", cit., pág. 190.

el hecho de serlo[155]. La cuestión radicaría ahora en determinar como indica QUINTERO OLIVARES[156] qué tipo de deber u obligación es a la que se hace referencia, es decir, si se trata de *"un deber general y previo (deber de dar explicación de cualquier incremento patrimonial durante el período de tiempo señalado en el tipo) o bien, como ha decidido el legislador, un deber derivado del requerimiento previo por parte de los organismos administrativos o judiciales competentes para la comprobación de dicho patrimonio"*. Es decir, sostiene, de acuerdo con la regulación legal, que el deber que se infringe para configurar el delito surge con el requerimiento y la negativa a dar explicaciones lo que lo configura como una modalidad de desobediencia. Pareciera identificarse que la mera infracción del deber de declarar el incremento del patrimonio constituiría la infracción administrativa, y lo que convertiría el comportamiento en delito sería la negativa a atender a los requerimientos de los órganos competentes. En relación con otro tipo de comportamientos similares[157], como por ejemplo, el delito contable tributario previsto en el art. 310 CP, en el cual se sancionan también el *incumplimiento de obligaciones*, en este caso, contables establecidas por la Ley tributaria, la doctrina ha puesto en cuestión su legitimidad al considerar que supone una notable anticipación de la línea de intervención penal *"al elevar a la categoría de delitos infracciones que tradicionalmente se venían reprimiendo privativamente por la vía administrativa"*[158], considerando que

---

155 En este sentido se ha manifestado también, FABIÁN CAPARRÓS, "Apuntes críticos sobre la posible tipificación del delito de enriquecimiento ilícito en España", cit., pág. 601.

156 QUINTERO OLIVARES, "Una guarnición: el delito de enriquecimiento ilícito", cit.

157 Así, por ejemplo, en el caso de delito fiscal, no resulta suficiente con el hecho de no atender a los requerimientos de la Administración Tributaria para configurar el delito, de hecho a efectos del fraude fiscal la existencia o no de requerimientos resulta, en principio, irrelevante, sino que lo que marca la realización del mismo es la constatación, que corre a cargo de la parte acusadora, de que la cuantía defraudada supera una determinada cantidad (120.000 euros).

158 MARTÍNEZ-BUJÁN PÉREZ, *Derecho Penal, parte especial*, 8ª ed., González Cussac (coord.), Tirant lo Blanch, Valencia, 2023, pág. 592; en

estamos, en realidad, ante delitos de peligro consistentes en esencia en la mera infracción de un deber extrapenal que ya se encuentra previsto como tal en la legislación tributaria. Como puede apreciarse, el mero incumplimiento de obligaciones genéricas o específicas, no conllevan por sí mismas en la mayoría de los supuestos la posibilidad de lesionar el teórico bien jurídico que se protege y se trataría, como se ha sostenido respecto del delito previsto en el art. 438 *bis* CP de la sanción de infracciones meramente formales que ostentan un carácter instrumental en relación con la imposibilidad de sancionar por otros comportamientos previos que sí serían constitutivos de delito y clara manifestación de corrupción, pero respecto de los que la prueba resulta especialmente complicada.

Una vez expuesto uno de los aspectos cuestionables que se plantean en relación con la naturaleza del delito y del deber u obligación legal que constituye uno de sus ejes centrales, quisiera realizar algunas consideraciones y dudas que se me plantean en este punto. Resulta evidente que el punto de partida de este deber se encuentra en la Ley 3/2015, de 30 de marzo reguladora del ejercicio del alto cargo en la Administración General del Estado y en las correspondientes Leyes autonómicas, que avala esencialmente el deber de transparencia que es debido a los altos funcionarios públicos[159]. Ahora bien, lo que establece la mencionada ley, que tiene naturaleza administrativa, es la obligación de los altos cargos de realizar una declaración veraz, positiva y fehaciente de los bienes que poseen y del patrimonio o las variaciones del mismo, configurando en su art. 25 como infracción muy grave la declaración realiza-

---

el mismo sentido, FERRE OLIVE, *Tratado de los delitos contra la Hacienda Pública y contra la Seguridad* Social, Tirant lo Blanch, Valencia, 2018, pág. 590; GALÁN MUÑOZ, *Manual de Derecho Penal económico y de la empresa*, 5ª ed., Galán Muñoz/Núñez Castaño, Tirant lo Blanch, Valencia, 2023, págs. 294 y 295.

159 RAGA VIVES, "Art. 438 bis", cit., pág. 2736: OLAIZOLA NOGALES, "El delito de enriquecimiento ¿no justificado? ¿ilícito?", cit., pág. 190.

da mediante la presentación de datos o documentos falsos, y como infracción grave la no declaración de actividades, bienes y derechos patrimoniales, tras el apercibimiento para ello, o la omisión deliberada de datos y documentos que deban ser presentados.

Ello nos lleva a dos posibilidades, o bien el deber que se infringe respecto del delito del art. 438 *bis* CP es el deber genérico señalado en la mencionada Ley 3/2015, o bien se trata de un deber específico derivado del requerimiento previo al que hace referencia expresa el tipo penal. En el primer caso, si no se añade ningún plus de desvalor diferente a lo establecido por la normativa administrativa, nos encontraríamos ante una infracción meramente formal que determina una total coincidencia entre la norma administrativa y la norma penal, y ello tendrá una clara incidencia no sólo a la hora de identificar el concreto bien jurídico que se protege, sino en orden a su legitimidad desde la perspectiva del principio de intervención mínima en tanto que el conflicto social puede tener solución por una vía diversa a la del Derecho penal.

Otra posible solución sería la de considerarlo un deber específico que surge concretamente al hilo del propio precepto penal, esto es, es la exigencia de que exista un requerimiento previo de los organismos competentes lo que convierte el comportamiento del sujeto activo en delictivo en tanto que infringe el deber específico de trasparencia que ha surgido en ese momento. Dos cuestiones se pueden plantear en relación con esta segunda posibilidad: la primera es que, caso de no existir requerimiento, por mucho que el Alto Cargo no declare sus bienes en ningún caso estaríamos ante el delito de enriquecimiento injustificado, y ello avala el hecho que se ha mencionado con anterioridad de que, aunque la motivación expresada en el Preámbulo de la ley sea la lucha contra la corrupción, la redacción del tipo penal no contribuye a ello por cuanto no todos los casos podrían considerarse delito, es decir, no estaríamos ante el enriquecimiento ilícito del que se habla, sino ante la sanción de la falta de justificación del incremento patrimonial; la segunda cuestión es también relevante, por cuanto, a mi juicio, de la propia Ley 3/2015 no se deriva sólo un deber genérico respecto de otras actividades, sino que en relación con la exigencia de declaración de actividades y bienes y derechos patrimoniales cuyo incumplimiento se considera, según señala el art. 25. 2 a), como infracción grave se establece que se producirá *tras el apercibimiento para ello*, de manera que podría considerarse un deber específico similar al que se origina con el requerimiento establecido en vía penal. En consecuencia, entiendo que el requerimiento o apercibimiento del órgano competente forma parte tanto del injusto penal como de la infracción administrativa. La única diferencia quizás es que en el caso del delito se requiere la "justificación" del incremento patrimonial, mientras en la infracción administrativa se requiere la "declaración" de los bienes, derechos patrimoniales o actividades. No encuentro, por tanto, diferencia entre ambos ilícitos que permitan sostener que, en realidad, no se trata de sancionar de manera instrumental (por imposibilidad de demostrar el origen ilícito del patrimonio) una mera infracción formal que ya encuentra sanción en el ámbito administrativo.

Esta construcción que se ha planteado conduce, en mi opinión, a dos cuestiones: en primer lugar, que por mucho que se intente en el Preámbulo de la LO 14/2022 vincular la inclusión de este delito con la lucha contra la corrupción, ello no es lo que se deriva del concreto precepto, porque lo que se está sancionando exclusivamente, sin ningún otro elemento añadido, es el mismo comportamiento que se contiene en la normativa administrativa, es decir, no dar justificación del incremento patrimonial teniendo obligación de hacerlo y siendo requerido para ello. Pero si ello es así, la solución ya estaba dada por la correspondiente infracción administrativa, y si ello no es así, y pretende protegerse el principio de autoridad, cabría, en mi opinión, aplicar el genérico delito de desobediencia contenido en el art. 410 CP (o bien recurrir a otras posibles figuras delictivas que se han ido mencionando a lo largo de este trabajo).

Para entender el problema de la naturaleza del delito, resulta necesario afrontar la segunda de las cuestiones que se plantean en relación con la configuración del nuevo delito cual es la identificación del bien jurídico que se protege en relación con este precepto.

Señala OLAIZOLA NOGALES[160] que *"un precepto que no proteja un bien jurídico merecedor de sanción penal es un precepto que no debe tener cabida en un Estado Social y Democrático de Derecho"*. Pero ese bien jurídico debe ser claramente identificado y, sobre todo, constatar que las conductas sancionadas conllevan la suficiente capacidad lesiva como para poder afectarlo en algún modo. Desde esta perspectiva, en mi opinión, resulta claro que la *ratio criminis* o motivación que pueda guiar al legislador para la criminalización de un determinado comportamiento, como por ejemplo la lucha contra la corrupción, no resulta suficiente para justificar la tipificación de una conducta. Esta situación de dificultad (si no imposibilidad) de identificar un concreto objeto de tutela también se produce en relación con el delito de enriquecimiento injustificado. De hecho, BLANCO CORDERO[161] señala esta cuestión de concreción del bien jurídico como un *"obstáculo de naturaleza sustantiva"* para poder afirmar la legitimidad del delito de enriquecimiento ilícito al afirmar que *"desde el punto de vista sustantivo se cuestiona la necesidad de intervención penal para hacer frente a estos comportamientos, especialmente por la inexistencia de un bien jurídico merecedor y necesitado de tutela penal"*. Esta afirmación tan categórica, responde, en esencia, a la realidad de la regulación típica del delito de enriquecimiento injustificado.

Ciertamente, la doctrina ha manejado diversas opciones en relación a cual pudiera ser el objeto de tutela en este concreto tipo penal. Un sector doctrinal sostenía que

---

160 OLAIZOLA NOGALES, "El delito de enriquecimiento ¿no justificado? ¿ilícito?", cit., pág. 181; MIR PUIG, *Derecho penal, Parte General*, 10ª ed., Reppetor, Barcelona, 2015, pág. 132,

161 BLANCO CORDERO, "De nuevo sobre el delito de enriquecimiento ilícito", cit., pág. 1016.

debía ser la imperiosa necesidad de luchar contra la corrupción[162] que se manifestaba en una situación de emergencia que requería una clara intervención estatal para evitar esta situación. En mi opinión, la corrupción e incluso la situación de emergencia (caso de que así fuese) podría constituir el motivo de la reforma legislativa, pero en modo alguno el bien jurídico que se tutela. Sería la *ratio criminis* de la criminalización, pero no el objeto, interés o bien que pretende protegerse. De hecho, justo la lucha contra la corrupción es la que, como se ha expuesto a lo largo del trabajo, la razón principal por la que se crea este nuevo delito y por la que se instaba su tipificación por los organismos internacionales. Señala muy acertadamente OLAIZOLA NOGALES[163] que *"la apelación a razones de emergencia comporta asumir la consecuencia de admisión de instituciones antigarantistas que, superada la coyuntura se consolidan para siempre. Y añadiría que estas instituciones no sólo se consolidan, sino que se expanden"*.

Otro sector de la doctrina, sobre la base de la ubicación sistemática del precepto entre los delitos contra la Administración Pública, considera que el objeto que se está tutelando con esta figura delictiva sería la confianza de los ciudadanos[164] o el deber de probidad del funcionario[165] (al final las dos caras de la misma moneda). Pero, a mi juicio, ni la confianza de los ciudadanos, ni el deber de probidad del

---

162 MIR PUIG, "El delito de enriquecimiento ilícito o injusto", cit., pág. 287; ASENCIO MELLADO, "La lucha contra la corrupción", en *El notario del siglo XXI*, nº 57, 2014, pág. 1; FERNÁNDEZ TERUELO, "El fenómeno de la corrupción en España. Respuesta penal y propuestas de reforma", en *Economía y Derecho penal en Europa: una comparación entre las experiencias italiana y española. Actas del Congreso hispano-italiano de Derecho penal económico*, Università degli Studi di Milano, Milán, 2015, pág. 74.

163 OLAIZOLA NOGALES, "El delito de enriquecimiento ¿no justificado? ¿ilícito?", cit., pág. 182.

164 BACIGALUPO ZAPATER, "Sobre la reforma de los delitos de los funcionarios", en *Documentación Jurídica* 37/40, 1983, pág. 1099.

165 QUINTERO OLIVARES, "Una guarnición: el delito de enriquecimiento ilícito", cit.

funcionario en realidad constituyen un bien jurídico, sino que se configuran como premisas o condiciones necesarias del bien jurídico de los delitos contra la Administración Pública, y por razones sistemáticas del delito de enriquecimiento injustificado (cuestión diversa es si la conducta sancionada tiene o no potencialidad lesiva respecto del mismo), esto es, el correcto funcionamiento de la Administración Pública[166]. El hecho de que una conducta haga disminuir la confianza de los ciudadanos o que represente una falta de probidad por parte de un funcionario o autoridad concreta no determina que se afecte en mayor o menor grado al funcionamiento de la Administración Pública, sino que la afección de ese correcto funcionamiento viene determinada por ésta y otras variables diversas.

Ante esta situación el sector mayoritario[167] de la doctrina considera que el bien jurídico que se protegería en estos supuestos es la *transparencia* en la Administración Pública y que, la conducta que se regula en el art. 438 *bis* CP, supone un quebrantamiento de este deber de transparencia. Ciertamente, la normativa administrativa establece el deber que tienen determinados cargos público de declarar su patrimonio y que, caso de no hacerlo, se estaría vulnerando la transparencia exigible a los mismos a fin de constatar un correcto funcionamiento de la función pública[168]. De este modo, se constituiría como un deber específico que afectaría a determinados sujetos pero que, en modo alguno,

---

166 Sobre el bien jurídico protegido en los delitos contra la Administración Pública, vid., por todos, GARCÍA ARROYO, *Los delitos de cohecho antecedente*, cit., págs. 52 a 85.

167 RAGA VIVES, "Art. 438 bis", cit., pág. 2736; MUÑOZ CONDE, *Derecho Penal, Parte Especial*, cit., pág. 1026; CARDENAL MONTRAVETA/ROGE SUCH, *Manual de Derecho Penal, Parte especial*, cit., pág. 731; BLANCO CORDERO, "El debate en España sobre la necesidad de castigar penalmente el enriquecimiento ilícito de empleados públicos", cit., pág. 33, MIR PUIG, "El delito de enriquecimiento ilícito o injusto", cit., pág. 297.

168 BLANCO CORDERO, *ibidem*; FABIÁN CAPARRÓS, "Apuntes críticos sobre la posible tipificación del delito de enriquecimiento ilícito en España", cit., pág. 601; MIR PUIG, *ibidem*.

se configuraría como bien jurídico, sino como medio para garantizar el bien jurídico protegido en los delitos contra la Administración Pública, esto es, el correcto funcionamiento de la misma[169]. El hecho de centrar el objeto de tutela en la transparencia conllevaría, en mi opinión, dos consecuencias que innegablemente se producen en relación con la actual regulación típica del delito de enriquecimiento injustificado.

La primera es que, al elevar un deber administrativo, el de transparencia, a la categoría de bien jurídico penal implicará que se convierta en delito el mero quebrantamiento formal de un deber (el de transparencia) sin ningún plus de desvalor que lo distinga de la infracción administrativa establecida en la Ley 3/2015, como ya se ha señalado; y la segunda consecuencia, es que, tal como se recoge en la norma que se acaba de mencionar, la infracción del deber de declarar el patrimonio y la consecuente vulneración del deber de trasparencia puede ser perfectamente sancionado (y de hecho constituiría la vía natural para ello) por la vía administrativa, sin necesidad de recurrir a una tipificación penal.

En mi opinión, el hecho de que el nuevo delito contenido en el art. 438 *bis* CP se encuentre ubicado sistemáticamente entre los delitos contra la Administración Pública, implica la necesidad de identificar el bien jurídico con el mismo objeto de tutela que estos protegen, es decir, el correcto funcionamiento de la Administración Pública que constituiría un *bien jurídico categorial* aplicable a todos los delitos contenidos en el Título XIX CP[170], al margen de las concretas manifestaciones del mismo que puedan verse afectadas. A este respecto, el deber de transparencia, que constituye el deber que se infringe con el comportamiento del servidor público que no declara su incremento patrimonial y lo justifica, no es sino uno de los instrumentos o

---

169 OLAIZOLA NOGALES, "El delito de enriquecimiento ¿no justificado? ¿ilícito?", cit., pág. 194.

170 GARCÍA ARROYO, *Los delitos de cohecho antecedente*, cit., pág. 73.

medios a través del cual se garantiza la prevalencia de ese correcto funcionamiento.

Siendo ésta, a mi modo de ver, la única posible interpretación sistemática, el problema surge a la hora de determinar si la conducta expresamente regulada en el precepto tiene o no capacidad ofensiva de afectación de ese bien jurídico. Considero que la respuesta es obvia: el hecho de que un sujeto incremente su patrimonio, incluso aunque sea un servidor público no atenta en absoluto al correcto funcionamiento de la Administración, ni tampoco atenta contra ese correcto funcionamiento el que no declare ese incremento patrimonial que, dependiendo de los casos, al margen de la infracción administrativa podría ser sancionado como infracción o delito fiscal. Probablemente el deber de probidad del servidor público o, incluso, la confianza de los ciudadanos y, como no, el deber de transparencia que les obliga podrían verse afectados, pero nada de ello implicaría que el funcionamiento de la Administración Pública se vea distorsionado porque el sujeto activo tenga un enriquecimiento y no lo haya justificado.

En realidad, como se expondrá, una interpretación literal del precepto determina que el origen de los bienes, lícito o ilícito, resultaría irrelevante a efectos del delito contenido en el art. 438 *bis* CP porque lo que se sancionaría es la no justificación cuando haya sido requerido para ello (delito de desobediencia). Desde esta perspectiva, si el origen del incremento patrimonial no declarado es lícito, por ejemplo una herencia o un premio de lotería y no se declara, el correcto funcionamiento de la Administración Pública no quedaría en modo alguno afectado por cuanto el incremento patrimonial en nada guardaría relación con el ejercicio de la función pública; ciertamente podría afectarse el principio de autoridad[171] al no responder a un requerimiento, pero ello podría constituir, todo lo más siempre y cuando se acrediten los requisitos

---

171 RAGA VIVES, "Arts. 438 bis", cit. pág. 2736.

típicos, un delito de desobediencia genérico del art. 410 CP o, lo más adecuado, una infracción administrativa prevista en la Ley 3/2015.

Cuestión distinta es que los bienes tengan un origen ilícito, es decir, procedan de un delito previo. En aquellos casos en que ese delito previo fuera un delito contra la Administración Pública, por ej. cohecho, malversación, tráfico de influencias, etc., si se vería afectado el correcto funcionamiento de la Administración Pública, pero no por el enriquecimiento indebido, ni por su falta de justificación que seguirían siendo infracciones meramente formales, sino por el propio delito previo. Ello implicaría que mediante el delito de enriquecimiento se pretendería sancionar los delitos cometidos anteriormente pero que no han podido ser probados (es decir, avalaría la tesis de que la introducción de este precepto es ofrecer una vía alternativa para sancionar conductas que no logran acreditarse, presumiéndose que son ilícitas, es decir, un delito de sospecha). Desde esta perspectiva, en realidad, el delito de enriquecimiento tendría un bien jurídico indeterminado que dependería de cuál fuera el delito previo del que procedieran los bienes[172], porque no puede obviarse que, si prescindimos (planteamiento que no comparto pero que se deriva de la dicción literal del precepto) de la necesaria vinculación de incremento patrimonial con el ejercicio del cargo del servidor público y del fenómeno de corrupción, las posibilidades de origen ilícito de los bienes de amplían de forma desmesurada (tráfico de drogas, delitos patrimoniales, prostitución, que no necesariamente tienen conexión con actividades corruptas). Esta interpretación, además de los problemas ya expuestos, resultaría cuestionable en cuanto a su fundamento porque el hecho de que exista una dificultad probatoria de algunos delitos, en este caso el delito del cual en principio procederían los bienes, no puede en modo alguno justificar el hecho

---

172 OLAIZOLA NOGALES, "El delito de enriquecimiento ¿no justificado? ¿ilícito?", cit., pág. 183.

de introducir una vía más expedita y fácil de probar, entre otras cosas porque solo habría que probar el incremento del patrimonio y la existencia de una falta de justificación que permita sancionar al sujeto que no ha podido condenarse por la conducta realmente grave y relevante que es el delito que previamente se ha cometido y del cual trae causa el incremento patrimonial; en un Derecho Penal de un Estado de Derecho, los delitos deben acreditarse y no resulta legítimo realizar presunciones que el acusado deba desvirtuar[173].

De este modo, si el correcto funcionamiento de la Administración Pública en modo alguno se ve afectado por el comportamiento específicamente sancionado como enriquecimiento injustificado, la única opción posible es compartir el planteamiento sostenida por OLAIZOLA OGALES[174] de que *"el tipo penal del art. 438 bis CP no protege un bien jurídico específico y merecedor de protección penal"*. Y desde esta convicción, el análisis de la conducta típica y de los restantes elementos del delito puede conducirnos a varias consecuencias: que se está sancionando una mera infracción formal que encontraría adecuada respuesta en el ordenamiento administrativo, que el fundamento de la criminalización sigue constituyendo una presunción o sospecha de ilicitud de los bienes, y que podrían vulnerarse derechos fundamentales como el derecho de defensa y a no declarar contra uno mismo, sin que la restricción venga sustentada en la lesión de otro interés diverso por cuanto dicho interés diverso no existe o, al menos, no resulta identificable.

---

173 HERNÁNDEZ BASUALTO, "El delito de enriquecimiento ilícito de funcionarios en el Derecho Penal Chileno", cit., pág. 194.

174 OLAIZOLA NOGALES, "El delito de enriquecimiento ¿no justificado? ¿ilícito?", cit., pág. 194.

3. LOS ELEMENTOS TÍPICOS DEL DELITO DE ENRIQUECIMIENTO INJUSTIFICADO

3.1. Conducta típica

Afirma GONZÁLEZ CUSSAC[175] que la formulación típica del delito de enriquecimiento injustificado se sostiene en un triple presupuesto: a) la existencia de un incremento patrimonial del sujeto activo que no se corresponde con sus ingresos y que no ha sido debidamente justificado, b) que en relación con determinados servidores públicos existe un deber legal de comunicar cualquier variación patrimonial importante, y c) que existe un requerimiento formal por parte de las autoridades competentes a fin de que ese incremento patrimonial se justifique. Ello implica la necesidad de analizar cada uno de estos aspectos y la problemática que los mismos pueden representar.

Sin embargo, de modo previo es necesario concretar cual sería la concreta conducta que constituiría el núcleo central y esencial de este nuevo delito. Al respecto no existe, en absoluto acuerdo doctrinal. Una primera opción sería considerar que la conducta esencial en este delito es el comportamiento del funcionario que determina el incremento patrimonial desproporcionado frente a sus ingresos legítimos[176], entendiendo que la ausencia de justificación configuraría una condición objetiva de procedibilidad. Sin embargo, la configuración como delito de desobediencia impide la posibilidad de entender como elemento central del delito el hecho de enriquecerse indebidamente a lo

---

175 GONZÁLEZ CUSSAC, *Derecho Penal, Parte especial*, cit., pág. 782; RAGA VIVES, "Del enriquecimiento ilícito a la desobediencia por enriquecimiento injustificado de autoridades", cit., págs. 17 y 18.

176 Plantean esta posibilidad, aunque la rechazan, GONZÁLEZ CUSSAC, *Derecho Penal, Parte Especial*, *ibidem*; MIRÓ ESTRADÉ, "El nuevo delito de enriquecimiento ilícito como forma de desobediencia (art. 438 bis CP)", en *La Ley penal*, nº 161, Marzo-Abril 2023, Laley 3450/2023, pág. 9, basándose para ello en la Sentencia de la Cámara Nacional de Casación Penal de Argentina, Sala IV, Caso Algosaray, de 9 de junio de 2005.

que se une que, de ser así, estaríamos claramente ante un delito de sospecha que sanciona el incremento de patrimonio al presumirle un origen ilícito.

La segunda opción, seguida por la mayoría de la doctrina[177], es la de considerar que el elemento central viene determinado por la *negativa a cumplir los requerimientos de justificación de los órganos competentes.* Innegablemente, precedido de una serie de elementos que se configuran como presupuestos previos, esto es, el incremento patrimonial desproporcionado, la falta de justificación del mismo, y el que desencadena la secuencia típica que es el requerimiento por parte de los órganos competentes. Entiendo que, si se ha construido como delito de desobediencia no cabe otra interpretación posible, porque como sostiene RAGA VIVES[178] *"no se ha de olvidar que esta disposición se encuentra dentro de un todo pretendidamente armónico y, si se atiende al resto de delitos de desobediencia, no se puede ignorar que la negativa abierta sea objeto de castigo"*, y por ello *"la centralidad de la negativa se deduce, pues, de la dicción literal del precepto y de la lectura conjunta del resto de figuras de desobediencia"*.

En definitiva, atendiendo a la estructura del tipo penal son varios los comportamientos que constituyen esta conducta típica: el incremento patrimonial desproporcionado, el requerimiento por parte de los órganos competentes de su justificación y la negativa abierta a realizarlo por parte del sujeto activo.

---

177 RAGA VIVES, "El nuevo delito de desobediencia por enriquecimiento injustificado", cit., pág. 204; la misma, "Del enriquecimiento ilícito a la desobediencia por enriquecimiento injustificado de autoridades", cit., págs. 19 a 21; GONZÁLEZ CUSSAC, *Derecho Penal, Parte Especial*, cit., pág. 782; OLAIZOLA NOGALES, "El delito de enriquecimiento ¿no justificado? ¿ilícito?", cit., pág. 189; ORTIZ DE URBINA GIMENO, *Lecciones de Derecho Penal, parte especial*, 8ª ed., Silva Sánchez (direct.), Atelier, Barcelona, 2023, pág. 420.

178 RAGA VIVES, "Del enriquecimiento ilícito a la desobediencia por enriquecimiento injustificado de autoridades", cit., pág. 20.

3.1.1. Requisito previo: Incremento patrimonial o cancelación de deudas por importe superior a 250.000 euros

El requisito o presupuesto previo para la constatación de la presencia de este nuevo delito de enriquecimiento injustificado viene configurado por un límite cuantitativo expreso: 250.000 euros, que deberá acreditarse para poder afirmar la concurrencia del delito[179].

La primera de las cuestiones que surge en relación con este elemento típico es el relativo a cual sea su concreta naturaleza jurídica dividiéndose la doctrina entre dos opciones básicas: que constituye una condición objetiva de punibilidad y, en consecuencia, no tiene por qué ser abarcada por el dolo, o bien entender que estamos ante un elemento más del tipo penal que necesariamente debe ser abarcado por el dolo del sujeto.

Un sector doctrinal considera que se trata de una *condición objetiva de punibilidad* similar a la establecida para el delito fiscal[180] dado que con la constatación de esa cantidad

---

179 OLAIZOLA NOGALES, "El delito de enriquecimiento ¿no justificado? ¿ilícito?", cit., pág. 189.

180 MUÑOZ CONDE, *Derecho penal, Parte Especial*, cit., pág. 1027; MUÑOZ CUESTA, "El nuevo delito de desobediencia del art. 438 bis CP introducido por la LO 14/2022", cit., págs. 4 y 5. Sin embargo, en relación con el delito fiscal esta configuración tampoco resulta pacífica en la doctrina y existen dos sectores claramente diferenciados entre quienes consideran la cuantía contenida en los arts. 305 y ss. CP como condiciones objetivas de punibilidad al responder esencialmente la cuantía a razones de política criminal y que resultaría mutable (cfr.. FERRE OLIVE, *Tratado de los delitos contra la Hacienda Pública y contra la Seguridad Social*, cit., pág. 288; ARROYO ZAPATERO, *Delitos conta la Hacienda Pública en materia de subvenciones*, Ed. Ministerio de Justicia, Madrid, 1987, pág. 103; CHOCLAN MONTALVO, *La aplicación práctica del delito fiscal: cuestiones y soluciones*, Bosch, Barcelona, 2011, págs. 212 y ss.; BUSTOS RUBIO, *La regularización en el delito de defraudación a la Seguridad Social*, Tirant lo Blanch, Valencia, 2016, entre otros), y quienes entienden que nos encontramos ante un elemento del tipo penal, concretamente el resultado de la conducta del sujeto (cfr. MARTÍNEZ-BUJÁN PÉREZ, *Derecho*

por el órgano judicial se llegaría a la apreciación del delito sin tener que acreditar que el dolo del autor abarcaba que esa era realmente la cuantía. A la hora de delimitar qué debe entenderse por condición objetiva de punibilidad señalan ORTS BERENGUER/GONZÁLEZ CUSSAC[181] que se trata de *"hechos futuros e inciertos (condiciones), independientes de la voluntad del autor (objetivas) que determina la punición o la mayor o menor punición de la conducta típica, ilícita y culpable. No desempeñan, por tanto, una función estructural en la noción del delito, ya que la infracción está completa con independencia de su concurrencia"*, de manera que en principio no afectarían a las categorías materiales de la infracción realizada, sino que encuentran su fundamento en consideraciones político-criminales o *"criterios extrapenales de política en general, situados plenamente al margen de los criterios que informan los elementos esenciales (de necesaria concurrencia para toda clase de figuras delictivas) del delito, injusto y culpabilidad"*[182].

En relación con el establecimiento de límites cuantitativos en determinados delitos, esencialmente dentro del ámbito del Derecho penal económico, ya se planteaba la disyuntiva de si constituían o no una condición objetiva de punibilidad[183] señalando que de ser así entonces el mencionado límite cuantitativo no formaría parte del injusto del hecho y no tendría que ser abarcado por el dolo del autor de manera que cualquier error sobre el mismo resultaría

---

penal económico, Parte especial, 7ª ed., Tirant lo Blanch, Valencia, 2023, pág. 797; MORALES PRATS, *Comentarios a la Parte especial del Derecho Penal*, 10ª ed., Quintero Olivares (direct.), Aranzadi, Cizur Menor, 2016, pág. 1057; BOIX REIG/GRIMA LIZANDRA, *Derecho Penal, parte especial*, vol. III, Boix Reig (direct.), Iustel, Madrid, 2021, pág. 24; DOPICO GÓMEZ-ALLER, *Comentarios al Código Penal*, tomo 2, Cuerda Arnau (direct.), Tirant lo Blanch, Valencia, 2023, pág. 1980, entre otros).

181 ORTS BERENGUER/GONZÁLEZ CUSSAC, *Compendio de Derecho Penal, Parte General*, 10ª ed., Tirant lo Blanch, Valencia, 2023, pág. 460.

182 MARTÍNEZ-BUJÁN PÉREZ, *Derecho penal económico y de la empresa. Parte general*, 6ª ed., Tirant lo Blanch, Valencia, 2022, pág. 869.

183 MARTÍNEZ-BUJÁN PÉREZ, *Derecho penal económico y de la empresa, Parte General*, cit., págs. 339 y ss.

irrelevante manteniendo la posibilidad de sancionar[184]. De este modo, si la autoridad conoce que tiene un enriquecimiento indebido por ingresos o cancelación de deudas el elemento exigido por el tipo penal quedaría cumplido con independencia de que piense que la cuantía en la que se incrementa su patrimonio es inferior a esos 250.000 euros. El error en este punto sería irrelevante por cuanto ni forma parte del injusto ni tiene que ser abarcado por el dolo, constituyendo un aspecto que simplemente debe concurrir al margen del conocimiento y la voluntad del sujeto. De hecho, señala RAGA VIVES[185] que *"considerar este elemento como una condición objetiva de punibilidad implicaría que* no *depende de la voluntad del autor la obtención del incremento superior a la cifra consignada cuando, realmente, es un acto que no se puede afirmar con independencia de la voluntad del sujeto, sino que es un acto que le es propio, que le corresponde"*. El límite señalado en el art. 438 *bis* CP, de modo similar a otros límites cuantitativos que se incluyen en el Código penal, no son acontecimientos desvinculados de la conducta del autor, sino que se trata de actos propios, realizados por el autor, conocidos (aunque sea de manera aproximada por el mismo) y que forman parte del propio injusto.

Ello ha llevado a considerar que estos límites cuantitativos son, en realidad, *elementos del tipo*[186], y en consecuencia deben ser conocidos por el autor y abarcados por el dolo del mismo aunque ello no implica que deba ser conocido con exactitud por el sujeto, resultando suficiente con que se acredite la presencia de dolo eventual en el comportamiento típico[187]. Este mismo planteamiento debe

---

184 MARTÍNEZ-BUJÁN PÉREZ, *Derecho penal económico y de la empresa, Parte General*, cit., pág. 872.

185 RAGA VIVES, "Del enriquecimiento ilícito a la desobediencia por enriquecimiento injustificado de autoridades", cit., pág. 22.

186 MARTÍNEZ-BUJÁN PÉREZ, *Derecho penal económico y de la empresa, Parte General*, cit., págs. 339 y ss., y pág. 872.

187 FERRE OLIVE, *Tratado de los delitos contra la Hacienda Pública y contra la Seguridad Social*, cit., págs. 285 y 286; MARTÍNEZ-BUJÁN PÉREZ, *Derecho penal económico y de la empresa, Parte General*, cit., pág. 876.

sostenerse, en mi opinión, en relación con el delito de enriquecimiento injustificado, es decir, la cuantía de 250.000 euros se trata de un *elemento del tipo,* y en cuanto tal, debe ser abarcado por el dolo (al menos eventual) del autor de los hechos[188]; es decir, el incremento superior a la cantidad señalada es un elemento que la norma penal exige y que define la acción.

Establecido que el límite cuantitativo de 250.000 euros se trata de un elemento del tipo, la segunda cuestión es la corrección de la expresa determinación cuantitativa. Obviamente, como pone de relieve OLAIZOLA NOGALES[189] se podrían haber empleado expresiones más indeterminadas o ambiguas, como "incremento significativo" o "excesivo", pero ello implicaría la inclusión de un concepto jurídico indeterminado que necesariamente hubiera debido ser objeto de valoración jurisprudencial, con los consiguientes problemas de seguridad jurídica que ello hubiera podido plantear. La técnica de establecer una cantidad concreta, además de ser empleada con frecuencia en otros delitos como el delito fiscal, la financiación ilegal de partidos políticos, tipos cualificados de los delitos patrimoniales, etc., contribuye a dotar de mayor seguridad a la hora de identificar el comienzo de la secuencia típica del delito.

Por último, en relación a lo que debe interpretarse por tal enriquecimiento es preciso señalar que quedan incluidos tanto supuestos en los que se realizan ingresos que au-

---

188 Se inclina por su consideración como elemento del tipo, OLAIZOLA NOGALES, "El delito de enriquecimiento ¿no justificado? ¿ilícito?", cit., pág. 189. Por su parte, RAGA VIVES, "Del enriquecimiento ilícito a la desobediencia por enriquecimiento injustificado de autoridades", cit., pág. 24, lo define como *situación típica,* que se integra en el tipo de acción (por tanto, elemento del tipo), entendiendo por tales aquellas que *"consisten en determinadas particularidades o características del hecho singular que, si bien no pertenecen a la acción (esto es, no manifiestan por sí la voluntad), de algún modo la matizan y la cualifican, constituyendo referencias imprescindibles para captar el significado de la voluntad manifestada y conferirle concreta relevancia típica a la conducta".*

189 OLAIZOLA NOGALES, "El delito de enriquecimiento ¿no justificado? ¿ilícito?", cit., pág. 189.

menten en los límites establecidos el activo del patrimonio del sujeto, como aquellos otros casos en los que, mediante cancelación o condonación de deudas, se disminuya el pasivo del mismo, porque en ambos casos se puede verificar el incremento del patrimonio del autor, bien por un aumento del activo patrimonial, bien por una disminución del pasivo. Y eso es lo que expresamente se recoge en el tipo penal al señalar que se sanciona a quien hubiera obtenido *un incremento patrimonial o una cancelación de obligaciones o deudas*[190].

3.1.2. Presupuesto típico: Requerimiento por parte de los órganos competentes destinados a comprobar su justificación

Junto al incremento patrimonial superior a los 250.000 euros, el presupuesto previo que desencadena la secuencia de la tipicidad del delito viene constituido por la exigencia de que el sujeto activo haya sido requerido para que justifique el origen de los mismos por parte de los órganos competentes. Son dos, pues, los aspectos que es preciso analizar respecto de este segundo elemento típico del delito: el requerimiento y su forma, y quiénes son los órganos competentes.

Por lo que se refiere al *requerimiento*, este debe consistir en una solicitud de información que sea clara en los aspectos respecto de los que se solicita esa información y fehaciente en su notificación. A estos efectos será adecuado el requerimiento realizado por cualquiera de las formas admitidas por la normativa administrativa o procesal[191] siempre que se constate de manera fehaciente tanto su contenido y las

---

190 GONZÁLEZ URIEL, "La controvertida incorporación del mal llamado delito de enriquecimiento ilícito en el artículo 438 bis del código penal", cit., pág. 8; OLAIZOLA NOGALES, "El delito de enriquecimiento ¿no justificado? ¿ilícito?", cit., pág. 189.

191 MUÑOZ CUESTA, "El nuevo delito de desobediencia del art. 438 bis CP introducido por la LO 14/2022", cit., pág. 5.

peticiones expresas de información, como su notificación al sujeto activo. En relación con este elemento, el precepto emplea el plural al hacer referencia a *"los requerimientos"*, sin embargo, en mi opinión, nada impide interpretar que sería suficiente con un único requerimiento que cumpla los requisitos formales y de contenido y que se haya comunicado adecuadamente a su destinatario. Es decir, considero que no es necesaria la reiteración de peticiones de información para que se cumpla con la exigencia de este elemento.

Más problemática resulta la identificación del segundo de los aspectos que componen este presupuesto típico, esto es, quiénes son los *órganos competentes*. El texto legal no ofrece a este respecto ninguna indicación ni aclaración en relación a quienes deben ser los que realicen la petición de información. La única luz en relación con esta cuestión aparece en el Preámbulo de la LO 14/2022, que en su Apartado VII señala que *"debe existir un requerimiento previo por parte de los organismos administrativos o judiciales competentes para la comprobación de dicho patrimonio"*, de manera que aporta una especie de limitación al señalar que deben tener la competencia de comprobar el patrimonio de los servidores públicos, aunque no aclare cuáles serían en concreto. Ello determina que tendrá que ser la normativa sectorial, esto es, la normativa administrativa la que determine quienes en concreto tendrán esa competencia, y ello lo configura como una *norma penal en blanco*[192] aportando un nuevo aspecto cuestionable a la ya muy cuestionable regulación típica.

Podrían sostenerse dos opciones diversas en relación con la identificación de estos órganos. La primera posibilidad sería optar por una interpretación amplia de manera que se incluiría cualquier organismo administrativo o judicial con competencias genéricas para la comprobación de la justificación del patrimonio de los sujetos activos. Sin

---

192 MUÑOZ CUESTA, "El nuevo delito de desobediencia del art. 438 bis CP introducido por la LO 14/2022", *ibidem*.

embargo, son muchos y variados los problemas que se derivarían de la misma, a pesar de la amplia definición que como se ha señalado se realiza en el Preámbulo de la LO 14/2022. Así, el órgano administrativo fiscalizador por excelencia en nuestro país es la Agencia Tributaria que ostenta amplias funciones en relación con la fiscalización del patrimonio de los ciudadanos[193], sin embargo, lo cierto es que resulta altamente complicado sostener que las funciones de investigación y de aplicación del sistema tributario y aduanero propias de la Administración Tributaria conlleven la competencia de comprobar la justificación del patrimonio de los obligados tributarios; de hecho, la Ley General Tributaria establece en su art. 145 que el objeto de la investigación que lleva a cabo la Agencia Tributaria es *descubrir la existencia, en su caso de hechos con relevancia tributaria no declarados o declarados incorrectamente por los obligados tributarios* independientemente de que se justifique o no su origen[194], es decir, lo que le importa a la Administración Tributaria no es que se justifique o no el incremento del patrimonio y se aclare cuál es su origen, sino que dicho patrimonio no se haya declarado, resultando irrelevante si se justifica o no y cual sea su procedencia.

Tampoco resulta sencillo sostener que pueden ser órganos competentes los órganos judiciales, sobre todo en relación con los órganos penales. La situación sería muy clara, si el requerimiento de justificación del incremento del patrimonio se realiza respecto del sujeto activo en el seno de un procedimiento penal, la exigencia de respuesta al mismo y la potencial aplicación del delito de enriquecimiento injustificado sobre la base de tal requerimiento, en mi opinión, implicaría una colisión frontal y una clara

---

193 RAGA VIVES, "El nuevo delito de desobediencia por enriquecimiento injustificado", cit., pág. 213.

194 MIRÓ ESTRADÉ, "El nuevo delito de enriquecimiento ilícito como forma de desobediencia (art. 438 bis CP)", cit., pág. 11.

vulneración del derecho de defensa y a no declarar contra uno mismo contenidos en el art. 24 CE[195].

Menos dudas interpretativas y de legitimidad plantearía una concepción estricta de quienes sean los órganos competentes para requerir la justificación del patrimonio, considerando aquellos que tienen *competencias específicas de comprobación* sobre las declaraciones de aquellos sujetos respecto de los que resulta predicable un deber de declaración de su patrimonio, en concreto, la autoridad pública. Efectivamente, existen concretos sujetos, Altos Cargos que ejercen función pública que tienen el *deber legal* de presentar una declaración específica de bienes disponiendo de un concreto procedimiento tanto estatal como autonómico preciso para la fiscalización de los mismos. Justamente es lo que establece la Ley 3/2015, de 30 de marzo, reguladora del ejercicio del alto cargo de la Administración general del Estado[196], en cuyo artículo 1 se identifica quienes son los sujetos obligados, esto es, los Altos Cargos, a los que se les impone la obligación de declarar sus actividades y sus bienes y derechos patrimoniales. A fin de controlar la efectividad de estas obligaciones impuestas, en el art. 19 de la mencionada Ley se regula la Oficina de Conflictos de Intereses (OCI), adscrita al Ministerio de Hacienda y Administraciones Públicas, y señalando que entre sus funciones se encuentra *requerir a quienes sean nombrados o cesen en el*

---

195 Esta parece ser también la postura sostenida por RAGA VIVES, "El nuevo delito de desobediencia por enriquecimiento injustificado", cit. pág. 215, aunque con certeza no se pronuncia claramente en contra de la posibilidad de aceptar como órgano competente al órgano judicial penal en estos casos. Considerando que ello vulneraría claramente el derecho de defensa y a no declarar contra uno mismo, MAGRO SERVET, "¿Es válido que el juez inste el requerimiento de documentos al investigado en el proceso penal a instancia de la acusación", en *Diario La Ley*, nº 9602, Sección Doctrina, 26 de marzo de 2020, LaLey 2551/2020, págs. 4 a 6; MIRÓ ESTRADÉ, "El nuevo delito de enriquecimiento ilícito como forma de desobediencia (art. 438 bis CP)", cit., pág. 11.

196 Ley que ha sido desarrollada por el Real Decreto 1208/2018, de 28 de septiembre, por el que se aprueba el Reglamento por el que se desarrollan los títulos Preliminar, II y III de la Ley 3/2015.

ejercicio de un alto cargo de la Administración General del Estado el cumplimiento de las obligaciones previstas en esta ley. Al mismo tiempo, en los arts. 23 y 24 de la Ley se establece que, al finalizar el mandato del Alto Cargo, la OCI examinará la situación patrimonial para, entre otras cosas, verificar si existen *indicios de enriquecimiento injustificado teniendo en consideración los ingresos percibidos a lo largo de su mandato y la evolución de su situación patrimonial,* estando obligados los altos cargos a aportar toda la información que les sea requerida, señalando que si se constatara la presencia de indicios de responsabilidad administrativa o penal se dará trasado a los órganos competentes para que inicien los oportunos procedimientos. Sobre esta base, considera acertadamente OLAIZOLA NOGALES[197] que esta Oficina de Conflicto de Intereses sería uno de los órganos competentes a los que parece referirse el art. 438 *bis* CP.

Junto a esta Ley, podrían enumerarse muchas otras de carácter autonómico que establecen diferentes órganos que tienen competencia para fiscalizar y requerir la justificación del patrimonio de los servidores públicos[198]. En relación con los miembros del Congreso de los Diputados y del

---

197 OLAIZOLA NOGALES, "El delito de enriquecimiento ¿no justificado? ¿ilícito?", cit., pág. 192.

198 Por ejemplo la Ley Foral de Navarra 19/1996, de 4 de noviembre de incompatibilidades de los miembros del gobierno y de los altos cargos de la administración de la Comunidad foral que impone que el alto cargo dará su autorización para que la Oficina de Buenas prácticas y Anticorrupción de Navarra pueda solicitar a las entidades bancarias certificado donde consten los saldos de sus cuentas corrientes; o el Decreto 65/2018, de 18 de mayo del Consell de Valencia por el que se desarrolla la Ley 8/2016, de 28 de octubre de la Generalitat Valenciana de incompatibilidades y conflictos de intereses de personas con cargos públicos no electos que establece la obligación de declarar los bienes en caso de incremento patrimonial. En el caso de la Ley 6/1985, de 24 de junio del Consejo de Cuentas de Galicia, se atribuye a este órgano la competencia para fiscalizar la evolución de los bienes patrimoniales de las autoridades que ocupan altos cargos en el sector público autonómico, etc. Vid., para un mayor desglose, RAGA VIVES, "El nuevo delito de desobediencia por enriquecimiento injustificado", cit. págs. 209 a 211.

Senado, están obligados a formular la declaración de sus bienes patrimoniales según lo establecido en la LO 5/1985 de Régimen Electoral General y a depositarla en el Registro de Intereses, que depende directamente de la Presidencia de cada una de las Cámaras.

Por tanto, considero que los órganos competentes a los que se refiere el art. 438 *bis* CP son aquellos que tienen competencias específicas legal o reglamentariamente previstas, pero ello no obstaría tampoco a que aquellos órganos que ostentan una competencia genérica, con las salvedades y críticas que se han expuesto, puedan ser considerados igualmente órganos competentes[199] y, por ello, en lo que a este aspecto se refiere, el precepto penal se configura como una norma penal en blanco que quedará a expensas de la normativa administrativa o procesal en cada supuesto concreto.

3.1.3. Comportamiento típico: la negativa abierta a dar el debido cumplimiento

Tampoco resulta pacífica la delimitación de lo que sea el concreto comportamiento típico que da lugar a la producción del delito (recordemos que no se sanciona ni el incremento patrimonial, ni la ausencia de declaración y justificación del mismo), esto es, *negarse abiertamente a responder al requerimiento* que se le ha realizado.

Considera OLAIZOLA NOGALES[200] que la negativa al requerimiento *"exige una acción positiva, no bastando la simple omisión, sino una negativa además abierta, por tanto, clara, expresa y terminante. Se trata de un delito de desobediencia"*. Sin embargo, un amplio sector doctrinal y la jurisprudencia

---

199 OLAIZOLA NOGALES, "El delito de enriquecimiento ¿no justificado? ¿ilícito?", cit., pág. 192; RAGA VIVES, "El nuevo delito de desobediencia por enriquecimiento injustificado", cit. págs. 207 a 215.

200 OLAIZOLA NOGALES, "El delito de enriquecimiento ¿no justificado? ¿ilícito?", cit., pág. 189.

del Tribunal Supremo se han pronunciado en un sentido diverso entendiendo que la referencia a la negativa abierta no debe identificarse de manera necesaria con la exigencia de que esta sea un acto positivo y expreso, sino que también puede considerarse que existe esa misma negativa cuando el sujeto se limita a una *evidente pasividad*, no responde o hace caso omiso de los requerimientos, de manera que resulte evidente *su actitud desobediente* o de ignorar la petición realizada[201].

A ello, es preciso añadir que, tal como se establece en el Preámbulo de la LO 14/2022 en su Apartado VII, también se incluyen los supuestos de *una explicación manifiestamente falsa*, es decir, quien mienta, invente, finja la legitimidad patrimonial, entorpezca o impida la fiscalización del patrimonio mediante toda clase de argucias[202]. En esencia, el elemento identificador viene dado no tanto por la negativa, sino por el hecho de que esta sea *abierta* es decir incuestionable, clara e indudable de manera que se manifieste como actuar de *"forma incontrovertiblemente rebelde"*[203].

De manera similar a la doctrina se ha pronunciado el Tribunal Supremo, y así en la Sentencia 477/2020, de 28 de septiembre, en su Fundamento de Derecho Quinto, apartado 5.1, en relación con el art. 410 CP (delito de desobediencia genérica) entiende que la negativa no se limita a *"la realización de un acto concreto, positivo, sino que basta la omisión o pasividad propia de quien se niega a ejecutar una orden legítima dentro del marco competencial de su autor. Por ello se compren-*

---

201 GONZÁLEZ CUSSAC, *Derecho Penal, Parte especial*, cit., pág. 783; RAGA VIVES, "Del enriquecimiento ilícito a la desobediencia por enriquecimiento injustificado de autoridades", cit., pág. 25; MUÑOZ CONDE, *Derecho penal, Parte especial*, cit., pág. 1027; CARDENAL MONTRAVETA/ROGE SUCH, *Manual de Derecho penal, Parte especial*, cit., pág. 731.

202 RAGA VIVES, "Del enriquecimiento ilícito a la desobediencia por enriquecimiento injustificado de autoridades", *ibidem*; MUÑOZ CONDE, *Derecho penal, Parte Especial, ibidem.*

203 RAGA VIVES, "El nuevo delito de desobediencia por enriquecimiento injustificado", cit., pág. 203

de dentro del tipo tanto la ***manifestación explícita y contundente*** *contra la orden como la* ***adopción de una actitud de reiterada y evidente pasividad*** *a lo largo del tiempo sin dar cumplimiento a lo mandado"* (la negrita es mía)[204]. Al mismo tiempo, considera que la expresión "abiertamente" conlleva la característica de que la negativa ha de ser incuestionable siendo compatible con el hecho de fingir o buscar la apariencia de no querer desobedecer. Señala la STS 722/2018, de 23 de enero, en su Fundamento de Derecho Quinto que *"el vocablo* abiertamente *no hace referencia en el examinado tipo penal a las formas, sino al fondo: no es un problema externo o de revestimiento: sino de contenidos, material. El tipo no protege la apariencia, sino lo nuclear: castiga la rebeldía sin paliativos, aunque venga adornada de protestas de acatamiento acompañadas, como coartada, de una perplejidad más aparente o fingida que real. No es un problema de* escenografía, *sino de sustancia.* **Abiertamente** ***significa que la negativa ha de ser*** **indudable**, *lo que es compatible con el disimulo, o una ficticia o buscada apariencia de no querer desobedecer"* (la negrita es mía).

En definitiva, la forma de llevar a cabo esa negativa admite cualquier tipo de modalidad, siendo lo relevante que la misma sea claramente incuestionable y ponga de manifiesto sin ningún género de dudas que el autor no va a cumplir en ningún caso el requerimiento que se le ha efectuado.

Ello nos lleva a un último aspecto en relación con este apartado cual es la solución en aquellos supuestos en los que el sujeto no pueda acreditar el origen del patrimonio, o cuando ofrezca una justificación parcial del mismo. En relación con el primero de los casos, esto es, cuando el sujeto no puede justificar el incremento patrimonial que ha tenido, sostiene RAGA VIVES[205] que *"en los casos de justificación imposible cabrá alegar la atipicidad de la conducta"*, porque será necesario diferenciar entre la negativa abierta y la no

---

204 En el mismo sentido, la STS 459/2019, de 14 de octubre.

205 RAGA VIVES, "Del enriquecimiento ilícito a la desobediencia por enriquecimiento injustificado de autoridades", cit., pág. 26.

justificación por causas ajenas a la voluntad de quien ha visto incrementado su patrimonio y que, en realidad, no se opone clara e indudablemente a cumplir el requerimiento, sino que la justificación del mismo, por distintas circunstancias le resultaría imposible. No es, por tanto, un comportamiento de desobediencia, sino de ausencia de justificación que, según el tenor literal del precepto, no cumpliría con el tipo penal.

Diverso es el segundo de los casos, esto es, cuando el sujeto da una justificación parcial del incremento del patrimonio mediante declaraciones o documentación incompleta que sólo justifica dicho incremento de forma parcial, negándose de manera abierta e incuestionable a justificar el resto. En mi opinión, si con la justificación parcial dada, la cuantía sin justificar se sitúa por debajo del límite cuantitativo de los 250.000 euros, sería posible plantearse la inaplicabilidad del precepto por no cumplirse los requisitos necesarios para que concurra el tipo penal[206].

3.2. Sujeto activo del delito de enriquecimiento injustificado: la autoridad

El legislador de 2022 ha optado por configurar el delito previsto en el art. 438 *bis* CP como un delito especial propio, es decir, se limita el círculo de sujetos activos del delito respecto de sujetos que reúnen determinadas características y además no guarda correspondencia con ningún deli-

---

206 Sin embargo, RAGA VIVES, "Del enriquecimiento ilícito a la desobediencia por enriquecimiento injustificado de autoridades", cit., pág. 27, sostiene que podría considerarse que el precepto exige que se realice una justificación completa, y, por tanto, resultaría dudoso que la mera justificación de 1 euro que implique que el incremento injustificado quede por debajo de los 250.000 euros quedara ajeno a la sanción penal; por el contrario, si el sujeto acredita la práctica totalidad de la cuantía *"difícilmente se podrá sostener que se ha negado abiertamente a cumplir con la orden"*.

to común[207]. Y ello no resulta extraño al haberse ubicado sistemáticamente entre los delitos contra la Administración Pública que son, en esencia, delitos especiales. Lo que si resulta sorprendente, y no encuentra base alguna en nuestro ordenamiento jurídico, ni en el Derecho comparado, ni en la normativa internacional, es la restricción que se realiza dentro de ese círculo de sujetos activos limitándolo a la *autoridad pública* y dejando al margen a quienes si constituyen sujetos activos de todos los restantes delitos contenidos en el Título XIX, es decir, a los funcionarios públicos. Si lo que se pretende proteger es el deber de transparencia como medio para garantizar el correcto funcionamiento de la Administración Pública o el deber de probidad, tal como alegan los defensores de la tipificación de este concreto comportamiento, resulta sorprendente la exclusión de quienes, por ley, ejercen función pública y, en consecuencia, de manera innegable pueden afectar a ese concreto funcionamiento. Pero más curioso resulta el hecho de que, si en realidad como se ha expuesto, la *ratio criminis* que fundamenta la inclusión de este nuevo tipo penal radica en la lucha contra la corrupción de manera que el enriquecimiento injustificado conlleva, aunque no de manera expresa, la existencia de unos delitos previos que responden a ese fenómeno, sin embargo queden al margen de la sanción por enriquecimiento injustificado quienes pueden ser los principales autores de estos delitos previos (cohecho, malversación, tráfico de influencias, etc.) como son los funcionarios públicos.

Ahora bien, al margen de lo sorprendente o no de la regulación penal, y de las posibles justificaciones o, mejor dicho, ausencia de ellas en relación con la exclusión de un importante grupo de sujetos que podrían realizar este comportamiento, lo cierto es que el tipo penal restringe el círculo de sujetos a las autoridades públicas y, en consecuen-

---

[207] En esto sigue las recomendaciones del CNUCC, y se separa abiertamente de muchas legislaciones comparadas de la Unión europea en las que se configura como delito común.

cia, se convierte en necesaria la identificación de quienes sean estos concretos sujetos.

El concepto de autoridad viene contenido en el art. 24.1 CP que la define como como aquella persona que *por sí solo o como miembro de alguna corporación, tribunal u órgano colegiado tenga mando o ejerza jurisdicción propia*, señalando que tendrán la consideración de autoridad los miembros del Congreso de los Diputados, del Senado, de las Asambleas Legislativas de la Comunidades Autónomas y del Parlamento europeo, así como los funcionarios del Ministerio Fiscal y los Fiscales de la Fiscalía Europea. La descripción realizada por el precepto determina que no se trate de un catálogo cerrado de los distintos sujetos que pueden ser considerados como autoridad, sino que se enumeran de forma ejemplificativa, siendo lo relevante que "tenga mando o ejerza jurisdicción propia". Son dos pues los aspectos a delimitar en relación con este elemento: el contenido de la expresión "tener mando" y el de "ejercer jurisdicción".

Por "tener mando", la doctrina mayoritaria ha entendido la potestad de reclamar obediencia, pero que no conlleva automáticamente la existencia de coerción o poder coactivo físico, sino una coerción jurídica que se configura como un efecto de la posible desobediencia o incumplimiento del mandato de la autoridad, esto es, la capacidad de determinar las conductas ajenas[208]. Así, señala GARCÍA ARROYO[209] que *"debe considerarse como la potestad para poder*

---

208 QUERALT JIMÉNEZ, "Concepto de funcionario público a efectos penales", en *Cuadernos de Política Criminal*, nº 27, 1985, págs. 495 y ss.; ROCA AGAPITO, "Concepto de autoridad y funcionario público a efectos penales", en *Revista de Derecho y Proceso Penal*, nº 31, mayo-agosto, 2013, pág. 176; JAVATO MARTÍN, "El concepto de funcionario y autoridad a efectos penales", en *Revista Jurídica de Castilla y León*, nº 23, 2011, págs. 167 y 168; NAVARRO CARDOSO, *El cohecho en consideración al cargo o función*, Tirant lo Blanch, Valencia, 2018, pág. 78; DIAZ Y GARCÍA CONLLEDO, "Autoridad y funcionario público a efectos penales", en *Enciclopedia penal básica*, Comares, Granada, 2002, pág. 180; OLAIZOLA NOGALES, "El delito de enriquecimiento ¿no justificado? ¿ilícito?", cit., pág. 192.

209 GARCÍA ARROYO, *Los delitos de cohecho antecedente*, cit., pág. 288

determinar las conductas ajenas, que conlleva como consecuencia directa el deber de obediencia", deber que afecta tanto a las relaciones *ad intra* (entre servidores públicos) como *ad extra* (se extiende a la relación entre la Administración y los ciudadanos).

En relación con "ejercer jurisdicción propia", se han barajado dos posturas en la doctrina: una concepción amplia y otra estricta. El concepto estricto considera que se refiere exclusivamente a la función realizada por Jueces y Tribunales, juzgando y haciendo ejecutar lo juzgado en base a lo previsto en el art. 117.3 CE[210]. Sin embargo, la doctrina mayoritaria se inclina, acertadamente, por la concepción amplia, entendiendo que la expresión ejercer jurisdicción propia debe interpretarse como la potestad de resolver asuntos de cualquier índole que sean sometidos a la consideración del funcionario que implique la aplicación del Derecho objetivo[211]. Por ello considera GARCÍA ARROYO[212] que *"abarcaría tanto la resolución de asuntos judiciales como la de asuntos administrativos"*, y ello sobre la base de la calificación de la jurisdicción como propia, lo que implica que *"no pueda identificarse, exclusivamente, con la jurisdicción judicial por cuanto la actividad jurisdiccional siempre es propia"*, es decir, en el ámbito judicial no cabe delegación, sino que el juez es competente o no lo es, pero no puede delegar en otra persona para que resuelva. Distinta es la situación en el ámbito administrativo, donde resulta común la dele-

---

210 LÓPEZ BARJA DE QUIROGA, *Manual de Derecho penal, Parte especial*, III, Madrid 1992, pág. 166.

211 QUERALT JIMÉNEZ, "Concepto de funcionario público a efectos penales", cit., pág. 498; NAVARRO CARDOSO, *El cohecho en consideración al cargo o función*, cit., pág. 48; JAVATO MARTÍN, "El concepto de funcionario y autoridad a efectos penales", cit., pág. 168; ROCA AGAPITO, "Concepto de autoridad y funcionario público a efectos penales", cit., 176; DIAZ Y GARCÍA CONLLEDO, "Autoridad y funcionario a efectos penales", cit., pág. 180; OLAIZOLA NOGALES, "El delito de enriquecimiento ¿no justificado? ¿ilícito?", cit., pág. 192.

212 GARCÍA ARROYO, *Los delitos de cohecho antecedente*, cit., pág. 289.

gación de competencias[213], y en relación con la cual a fin de delimitar quién podría ser considerado autoridad a estos efectos es preciso analizar los supuestos de delegación de competencias. En el caso de que el sujeto ostente como propia, esto es, directamente adjudicada, la capacidad de resolver asuntos administrativos del tipo que sea, podrá calificarse como autoridad a efectos penales. No ocurre lo mismo en el supuesto de que la competencia de ejercer jurisdicción o resolver le venga dada por delegación, por cuanto ya no estaría ejerciendo jurisdicción propia, sino mediante una autorización condicionada no sólo en relación con su contenido, sino también temporalmente, cuya característica principal es que puede revocarse. Por ello, la doctrina mayoritaria considera de manera certera, que en estos supuestos de jurisdicción delegada no cabría hablar de autoridad a efectos penales[214].

Junto a estas condiciones de tener mando o ejercer jurisdicción propia, el art. 24.1 CP incluye expresamente en el concepto de autoridad a determinados sujetos como los Parlamentarios (de las Cortes Generales, de las Asambleas de las Comunidades Autónomas y del Parlamento Europeo) y a los miembros del Ministerio Fiscal. Como acertadamente afirma GARCÍA ARROYO[215] *"la expresa regulación que realiza el legislador penal de estos concretos supuestos, implica que* por imperativo legal *siempre y en todo caso deben ser considerados como autoridad a efectos penales"*, aunque, señala, que, a fin de equiparar las situaciones mencionadas *"a estos sujetos se les deberían exigir los mismos requisitos materiales que al resto de sujetos reputados autoridad a efectos penales, es decir, que tengan*

---

213 GARCÍA ARROYO, *Los delitos de cohecho antecedente*, cit., pág. 290.

214 GARCÍA ARROYO, *Los delitos de cohecho antecedente, ibidem*; OLAIZOLA NOGALES, "El delito de enriquecimiento ¿no justificado? ¿ilícito?", cit., pág. 192; QUERALT JIMÉNEZ, "Concepto de funcionario público a efectos penales", cit., pág. 498 y ss.; JAVATO MARTÍN, "El concepto de funcionario y autoridad a efectos penales", cit., pág. 168.

215 GARCÍA ARROYO, *Los delitos de cohecho antecedente*, cit., págs. 293 y 294.

mando y ejerzan jurisdicción propia en el sentido que nos hemos venido manifestando de tener potestad de reclamar obediencia y capacidad de resolver en asuntos judiciales o administrativos". Y, precisamente en este punto, es donde surgen las principales críticas en relación con la expansión *ex lege* que se realiza del concepto de autoridad. Así respecto a los distintos Parlamentarios, en realidad no era necesaria la mención expresa, porque tradicionalmente han sido considerados como autoridad considerando que ejercían mando a través de su función legislativa y ejercer el control político sobre el Gobierno[216], sin embargo, resulta cuestionable que ello sea así por cuanto partiendo de las delimitaciones sostenidas respecto de la expresión tener mando y ejercer jurisdicción propia, resulta evidente que ninguno de ellos responden a sus elementos esenciales, como la potestad de reclamar obediencia determinando conductas ajenas, ni coerción jurídica y capacidad de decisión, ni, evidentemente, ejercen jurisdicción propia dado que no poseen capacidad para resolver en asuntos judiciales o administrativos[217]. Efectivamente, en puridad, no podría afirmarse que en estos casos estemos ante auténticos supuestos de autoridad

---

216 OLAIZOLA NOGALES "El delito de enriquecimiento ¿no justificado? ¿ilícito?", cit., pág. 192; QUINTERO OLIVARES, "Una guarnición: el delito de enriquecimiento ilícito", cit., pág. 4; QUERALT JIMÉNEZ, "Concepto de funcionario público a efectos penales", cit., pág. 502. Sin embargo, en contra de esta consideración por entender que los miembros de las distintas Cámaras Legislativas no ostentan mando ni ejercen jurisdicción propia y, en consecuencia, no podrían ser considerados autoridad a efectos penales, se pronuncia ROCA AGAPITO, "Concepto de autoridad y de funcionario público a efectos penales", cit., pág. 181 y ss. Igualmente GARCÍA ARROYO, *Los delitos de cohecho antecedente*, cit., pág. 294 sostiene que *"es cierto que los sujetos mencionados participan en el ejercicio de funciones públicas tal y como hemos definido estas, y también es cierto que lo hacen en virtud de un título habilitante, en ese caso por disposición de la ley (Constitución), pero estos requisitos configuran la categoría de funcionario público, tal como hemos expuesto, y no la de autoridad que exige la presencia además de otros elementos, concretamente, tener mando o ejercer jurisdicción propia; y esta característica resulta altamente cuestionable que concurra en los sujetos mencionados en la mayor parte de las situaciones".*

217 GARCÍA ARROYO, *Los delitos de cohecho antecedente*, cit., pág. 294.

a efectos penales, pero la expresa previsión *ex lege* impide la posibilidad de excluirlas del concepto, dado que respetando el principio de legalidad se ha realizado una expresa equiparación punitiva.

Similares críticas y el mismo resultado cabe predicar respecto de los miembros del Ministerio Fiscal que no cumplen los requisitos, salvo quizás los Fiscales Jefes, en tanto que actúan siempre por delegación[218], pero que *"se encuentran equiparados por* imperativo legal *al concepto de autoridad"*[219].

No terminan aquí los problemas relativos a la determinación de los sujetos activos del delito de enriquecimiento justificado. Efectivamente, como se ha expuesto, la referencia a la autoridad como sujeto activo del tipo penal nos remite necesariamente a lo establecido por el art. 24.1 CP, pero esta remisión implica una distorsión en relación con aquellos sujetos que, como se indicó, podrían estar obligados por el deber de declarar su patrimonio y el deber de transparencia. No puede olvidarse que, esencialmente la Ley 3/2015, así como el resto de normativa estatal y autonómica hace referencia a los Altos Cargos como sujetos especialmente obligados, pero ello no coincide con quienes son considerados como autoridad a efectos penales; así por ejemplo los Jueces y los Fiscales ostentan la condición de autoridad a efectos penales ex art. 24.1 CP, pero, sin embargo no se incluyen entre los Altos cargos mencionados en la Ley 3/2015, de 30 de marzo. Y, junto a ello, aparece un segundo problema, que no todos los sujetos expresamente mencionados en la referida ley ostentan la condición de autoridad atendiendo a si tienen mando o jurisdicción propia. Es decir, en la Ley 3/2015, de 30 de marzo que nos sirve de referencia para sustentar el famoso deber específico que infringirían los sujetos activos del delito de enrique-

---

218 OLAIZOLA NOGALES, "El delito de enriquecimiento ¿no justificado? ¿ilícito?", cit., pág. 192.

219 GARCÍA ARROYO, *Los delitos de cohecho antecedente*, cit., pág. 296.

cimiento injustificado, ni están todos los que son, ni son todos los que están.

Ello obliga, como realiza OLAIZOLA NOGALES[220] a realizar un análisis algo más pormenorizado de cada uno de los supuestos, sin perder de vista los elementos exigidos por el art. 24.1 CP respecto a la delimitación de quienes deben ser considerados autoridad. Así, señala que habrá que diferenciar entre órganos superiores (Ministros y Secretarios de Estado) y los órganos directivos (Subsecretarios y Secretarios Generales, Secretarios generales técnicos, Directores generales y embajadores). Todos ellos se reconocen como Altos Cargos, pero no todos ellos tienen la condición de autoridad, en tanto que los órganos directivos dependen jerárquicamente de los órganos superiores y, en consecuencia, ejercerán jurisdicción delegada y no propia, de modo que no podrán ser catalogados como autoridad a efectos penales, y, en consecuencia, no pueden ser considerados posibles sujetos activos del delito.

En definitiva, tratando de compaginar lo previsto en el texto penal arts. 24.1 y 438 *bis* CP, y lo establecido por la Ley 3/2015, será necesario analizar cada supuesto concreto para determinar si el sujeto en cuestión tiene mando o ejerce jurisdicción propia a fin de poder ser considerado autoridad a efectos penales y poder incluirlo en el círculo de posibles sujetos activos del delito. Lo realmente absurdo de toda esta situación es que viene motivada por la incomprensible exclusión de los funcionarios públicos como sujetos activos[221] porque de haber mantenido la tradicional estructura de los delitos contra la Administración Pública, todos estos sujetos analizados quedarían incluidos dentro del círculo de autores sin excesivos problemas. Otra de las contradicciones que se ponen de relieve en relación con este nuevo delito de enriquecimiento injustificado.

---

220 OLAIZOLA NOGALES, "El delito de enriquecimiento ¿no justificado? ¿ilícito?", cit., págs. 192 y 193.

221 RAGA VIVES, "El nuevo delito de desobediencia por enriquecimiento injustificado", cit., pág. 225.

3.3. El elemento temporal en el delito de enriquecimiento injustificado

Un último elemento que puede identificarse en el delito regulado en el art. 438 *bis* CP es el relativo al ámbito temporal en el que tendrá relevancia el incremento patrimonial injustificado. En el precepto se incorpora un período de tiempo que se prolonga más allá de la finalización del cargo al establecer que el aumento del patrimonio se *obtenga durante el desempeño de su función o cargo y hasta cinco años después de haber cesado en ellos.* La referencia al período durante el cual se esté desempeñando el cargo resulta incuestionable en relación con el cumplimiento del deber de trasparencia y de probidad que se han barajado reiteradamente como fundamento de la regulación típica.

Lo novedoso se plantea con la extensión de este presunto deber por un plazo de tiempo que se prolonga más allá de la finalización del desempeño de su cargo y por un período de tiempo de 5 años; prolongación que no encuentra reflejo en la normativa internacional y en muchas de las legislaciones de Derecho comparado, aunque ciertamente en otras si se añade un espacio temporal que suele extenderse entre los dos y los cinco años posteriores[222]. Señala RAGA VIVES[223] que *"el enriquecimiento puede haberse producido en el ejercicio de su cargo, pero aflorar después"*, y en un sentido similar, sostiene OLAIZOLA NOGALES[224] que el fundamento de esta prolongación temporal se deriva del "peligro" de que el sujeto pueda seguir utilizando y/o abusando de su cargo para obtener beneficios ilícitos, el peligro de utilizar información sensibles y en atención a los plazos en los que se puede realizar las posibles inspecciones por la Agencia Tributaria.

---

222 Vid., al respecto, OLAIZOLA NOGALES, "El delito de enriquecimiento ¿no justificado ¿ilícito?", cit., pág. 193.

223 RAGA VIVES, "El nuevo delito de desobediencia por enriquecimiento injustificado", cit., pág. 218.

224 OLAIZOLA NOGALES, "El delito de enriquecimiento ¿no justificado? ¿ilícito?", cit., pág. 193.

En realidad, en mi opinión, la inclusión de este concreto elemento temporal, no es sino un refrendo de que toda la construcción del delito de enriquecimiento injustificado responde a una presunción o sospecha de que la autoridad pública está llevando a cabo comportamientos ilícitos que resultan de difícil prueba por cuanto la mayor parte de los elementos típicos que se han analizado y éste en concreto se sustenta en la relación causal entre el incremento patrimonial y que el mismo esté relacionado causalmente con el ejercicio del cargo por parte del servidor público. Ello lo que pone de relieve de manera innegable, a mi juicio, es que, mediante la posibilidad prevista en el nuevo art. 438 *bis* CP, se habilita una vía de sanción en la cual no resulta necesario probar excesivos aspectos: basta con constatar el incremento patrimonial, la existencia de requerimiento y la negativa del funcionario para afirmar la concurrencia del delito, con independencia de las repercusiones que ello pueda tener para los derechos fundamentales.

3.4. Tipo subjetivo

La descripción típica del delito contenido en el art. 438 *bis* CP, y los distintos elementos típicos que se han analizado en relación con esta figura delictiva nos lleva a considerar que sólo resulta posible admitir su comisión dolosa, distinta será la cuestión de qué tipo de dolo concreto debe concurrir para poder afirmar la tipicidad del comportamiento, y que relevancia tendrían los posibles errores sobre alguno de los elementos del tipo penal.

Una primera afirmación, quizás superflua por obvia, relativa a la exclusión de la imprudencia se deriva del propio art. 12 CP en el que se establece que las modalidades imprudentes solo podrán ser sancionadas cuando su castigo venga expresamente previsto en el texto penal, lo que no ocurre en el caso del delito de enriquecimiento injustificado que estamos analizando[225]. En consecuencia, no resulta factible apreciar la comisión imprudente con las consecuencias, de exclusión de la responsabilidad penal, que ello conlleva caso de concretarse un error de tipo.

Esta exclusión, o mejor dicho, la no tipificación expresa de la imprudencia (de modo similar a como se realiza en relación con otros tipos penales) resulta coherente con la propia estructura del delito y, a mi juicio, coherente con la *ratio criminis* y el fundamento que se encuentra en su base (la lucha contra la corrupción). Evidentemente, su configuración como delito de desobediencia conlleva que la conducta del sujeto deba llevarse a cabo de manera intencionada, esto es, conociendo y queriendo realizar los elementos que configuran el tipo penal. De este modo, el sujeto activo debe conocer que ha tenido un incremento de patrimonio superior a 250.000 euros, que ha sido requerido por la autoridad competente para que justifique el mismo y que se ha negado *abiertamente* a responder al mencionado requerimiento. La exigencia de este conocimiento sustenta que sólo pueda ser posible la modalidad dolosa.

Ahora bien, el problema viene determinado por la concurrencia de un error de tipo en relación con cualquiera de esos elementos, por cuanto al no existir la modalidad imprudente de apreciarse que existe el error determinaría la exclusión de responsabilidad e impunidad de sujeto. En mi opinión es necesario distinguir los distintos elementos que componen el tipo penal, de manera que la existencia de un requerimiento previo y la negativa abierta determinan que debe tratarse de dolo directo. No cabe otra posibilidad diversa por cuanto, tal como se ha señalado, el requerimiento debe ser fehaciente y con clara expresión del contenido lo que impide que el sujeto pueda alegar

---

225 MUÑOZ CUESTA, "El nuevo delito de desobediencia del art. 438 *bis* CP introducido por la LO 14/2022", cit., págs. 5 y 6; GONZÁLEZ URIEL, "La controvertida incorporación del mal llamado delito de enriquecimiento ilícito en el art. 438 *bis* del Código penal", cit. pág. 10.

que concurre un error sobre el mismo. O existe con los requisitos señalados y no cabe, por tanto, alegación de error por cuanto concurre un conocimiento pleno del mismo, o no existe bien porque no se ha realizado, bien porque no procede de la autoridad competente, bien porque no se ha notificado fehacientemente o bien porque su contenido no expone aquello que se solicita justifique y en ese caso no concurrirán los elementos del tipo penal de manera que el incremento patrimonial injustificado resultará atípico.

Lo mismo cabe sostener respecto de la conducta típica, ya que como se ha expuesto, debe tratarse de una *negativa abierta*, es decir, incuestionable, que de manera evidente y manifiesta refleje la voluntad del sujeto de no responder al requerimiento de la autoridad competente, esto es, el elemento esencial de los delitos de desobediencia que conllevan una oposición incuestionable a cumplir el mandato recibido. Y esa actitud indudable y notoria de oposición o negativa a dar respuesta al requerimiento recibido conlleva que se trate de un comportamiento que sólo admite la posibilidad de un dolo directo. Es decir, el sujeto conoce la existencia de una obligación de responder al requerimiento y de manera intencionada y voluntaria se niega a cumplimentar el mismo.

Más problemática pudiera resultar la determinación de la imputación subjetiva en relación con la cuantía del incremento patrimonial que el legislador ha fijado en 250.000 euros. Al considerar que se trata de un elemento del tipo, y no de una condición objetiva de punibilidad, debe ser abarcado por el dolo del sujeto, es decir, este debe conocer que se produce el incremento de su patrimonio en esa cuantía. El problema es que, en relación con este concreto elemento, si podría resultar factible que el sujeto alegue que desconocía que la cantidad en la que se había incrementado su patrimonio fuera superior a los 250.000 euros, y de exigir un pleno conocimiento y un dolo directo respecto de este elemento típico implicaría que el error (obviamente acreditado debidamente) determinara la exclusión de la responsabilidad penal. Así, por ejemplo, sería el caso en que el sujeto creyera que su incremento ascendía a 230.000 euros nada más; fuera vencible o invencible este error, si resulta demostrado (en este caso por el propio sujeto activo en tanto que se trata de una circunstancia que excluye la responsabilidad penal y es alegada por él) que efectivamente se ha producido, el delito no resultaría aplicable.

Precisamente por ello, siendo cierto que la cuantía que refleja el art. 438 *bis* CP debe ser abarcada por el dolo del sujeto activo, sin embargo se entiende que resulta suficiente con un conocimiento aproximado, fundamentándose en este caso cuanto menos en un dolo eventual; esto es, resultaría suficiente con que el sujeto se hubiera planteado, de manera aproximada, que la cuantía sería la señalada por el precepto. Desde este planteamiento, a mi juicio, sólo sería posible apreciar la concurrencia de un error de tipo en aquellos casos en los que la diferencia entre la cantidad que cree el autor que se ha incrementado y el enriquecimiento que, efectivamente se ha producido, es absolutamente desproporcionada, como sería, por ejemplo, que el sujeto creyese que su patrimonio ha aumentado en 120.000 euros y en realidad es superior a los 250.000 euros.

4. ALGUNAS CONSIDERACIONES SOBRE LOS POSIBLES CONCURSOS CON EL DELITO DE ENRIQUECIMIENTO INJUSTIFICADO

A lo largo de todo este trabajo se ha sostenido que, en realidad, la motivación y fundamento de la introducción de este nuevo tipo penal radica en la lucha contra la corrupción, en la presunción (subyacente en la actual regulación) de un origen ilícito y, en consecuencia, en la existencia de algún delito previo que no ha podido demostrarse del cual trae causa el incremento del patrimonio. Ya me he pronunciado sobre el hecho de que el delito previsto en el art. 438 *bis* CP constituye una vía alternativa para poder sancionar aquellos supuestos en los que, al no poder aportar pruebas sobre la existencia de un delito anterior, se recurre a sancionar el enriquecimiento que sí puede constatarse, pero en aras de intentar salvaguardar la constitucionalidad del mismo (aspecto que también resulta cuestionable) se recurre a una estructura de delito de desobediencia mediante la que se sanciona no el incremento del patrimonio, ni el origen de los bienes, sino la negativa a justificar los mismos. De esta manera, siempre cabrá la sanción por enriquecimiento injustificado, aunque no sea posible imputar al sujeto por otro delito previo.

En el supuesto de que pudiera constatarse la existencia de un delito previo del cual proceda el incremento patrimonial que constituye requisito previo del delito de enriquecimiento injustificado, señala un sector doctrinal que nos encontraríamos ante un concurso de delitos, sobre la base de que se atenta a dos bienes jurídicos: el que afecte el delito previo (por ejemplo, el correcto funcionamiento de la Administración Pública si se trata de un delito de cohecho) y el principio de autoridad respecto del delito de desobediencia que configura el enriquecimiento injustificado[226]. Ciertamente ello podría ser así, por cuanto responden a distinto fundamento, pero resulta difícil imaginar un supuesto en el que ello se produzca. Si existen pruebas respecto de la comisión del delito previo ya no resulta necesario requerir al autor del mismo la justificación del enriquecimiento que ha experimentado porque ya se conoce y acabará sancionándose por el mismo; si no existen esas pruebas, pero se constata la presencia del incremento patrimonial desmesurado y se inicia un procedimiento judicial por no haber atendido debidamente al requerimiento de justificación podrían identificarse dos situaciones diversas: la primera, que el sujeto ofrezca, dentro del procedimiento penal, debida justificación de la procedencia de los bienes, lo cual, en mi opinión, dejaría sin sentido seguir

---

226 RAGA VIVES, "El nuevo delito de desobediencia por enriquecimiento injustificado", cit., pág. 230; MUÑOZ CONDE, *Derecho penal, Parte especial*, cit., pág. 1027

con el procedimiento por desobediencia en tanto que se ha cumplimentado lo requerido, de modo que podría procederse por el delito previo reconocido y confesado por el autor, pero no resultaría sustentable la condena, también, por enriquecimiento injustificado. La segunda sería aquella en la que el sujeto se niega a dar cumplimiento al requerimiento y no justifica la procedencia de los bienes, de manera que no se tiene pruebas del delito previo cometido, con lo cual sólo cabría la condena por el delito previsto en el art. 438 *bis* CP.

Diferente problemática se plantearía en relación con el delito fiscal previsto en el art. 305 CP, precepto que de hecho consideramos que sería la solución adecuada en aquellos casos en los que existe un incremento patrimonial que no se ha declarado ni justificado (bien como infracción tributaria o bien como delito atendiendo a la cuantía concreta de la cuota defraudada). En este supuesto, los dos tipos penales, el enriquecimiento injustificado y el delito fiscal tienen el mismo presupuesto previo: un incremento no justificado ni declarado del patrimonio que además de requisito previo del delito del art. 438 *bis* CP puede integrar la cuota defraudada en el delito fiscal. Señala RAGA VIVES[227] que *"al mediar hecho y bien jurídico distinto (en el fraude fiscal, defraudación y patrimonio de la Hacienda), en principio, no parece desaventurado afirmar que se estará ante un concurso de delitos"*[228]. Innegablemente, a la luz de la regulación típica del delito, no existe inconveniente teórico alguno que impida poder apreciar este concurso, ahora bien al sustentarse ambos tipos penales en el mismo requisito básico cual es un incremento de patrimonio no declarado y que no se corresponde con sus ingresos legítimos, si se condena por ambos delitos la pena resultante no respondería proporcionalmente al hecho analizado que no es otro que el enrique-

---

227 RAGA VIVES, "El nuevo delito de desobediencia por enriquecimiento injustificado", cit., pág. 231.

228 En el mismo sentido, MUÑOZ CONDE, *Derecho penal, Parte especial*, cit., pág. 1027; MUÑOZ CUESTA, "El nuevo delito de desobediencia del art. 438 bis CP introducido por LO 14/2022", cit., pág. 6.

cimiento injustificado del sujeto. De hecho, la posibilidad de esta falta de proporcionalidad parece reconocerla RAGA VIVES[229] al afirmar que *"ello no obsta a que, si se considerase menester, se incorpore una cláusula concursal específica, para que, en caso de confluencia se aplique una solución proporcionada"*.

Una última posibilidad de concurrencia del delito de enriquecimiento injustificado se plantea en relación con el delito de desobediencia genérica recogido en el art. 410 CP. En este caso estaríamos ante un concurso de leyes, a resolver, en mi opinión a favor del delito de enriquecimiento injustificado en virtud del principio de especialidad, y ello determina un exponencial incremento de la presión penal en este concreto caso, por cuanto el art. 438 *bis* CP prevé una pena de prisión de seis meses a tres años, multa del tanto al triplo del beneficio obtenido e inhabilitación para empleo o cargo público y para el ejercicio del derecho de sufragio pasivo de dos a siete años, mientras que el art. 410 CP (en el cual, perfectamente se puede subsumir la conducta de desobediencia prevista en el nuevo precepto) establece una pena de multa de tres a doce meses e inhabilitación para empleo o cargo público por tiempo de seis meses a dos años. Una importante desproporción respecto de la sanción de comportamientos que, en esencia, son iguales: desobedecer la orden o requerimiento de un órgano competente para darla. Otro aspecto que avala el real fundamento de la creación de este tipo penal: la presunción o sospecha de existencia de un delito previo que no puede probarse.

---

229 RAGA VIVES, "El nuevo delito de desobediencia por enriquecimiento injustificado", cit., págs. 231 y 232.

IV. Reflexiones finales: la legitimidad de la criminalización del derecho a guardar silencio

1. EL ESTADO DE LA CUESTIÓN: LA EXPANSIÓN CRIMINALIZADORA

La introducción del nuevo delito de enriquecimiento injustificado llevada a cabo por la LO 14/2022, responde, como se ha señalado, a la tendencia político criminal de incrementar la intervención estatal en todos los ámbitos de la vida social a fin de, aparentemente, solucionar o erradicar conflictos o preocupaciones sociales. Y ello como respuesta a una incesante reclamación de mayor intervencionismo, esencialmente de naturaleza penal, que la propia sociedad reclama motivada por una preocupación "creada". La consecuencia de ello es el incremento de problemas de legitimidad al no ser sencilla la identificación de un concreto objeto de tutela ni de un fundamento que avale su criminalización derivado de una concreta potencialidad lesiva, de la vulneración de principios penales y de Derechos fundamentales y garantías básicas de un Estado de Derecho.

En respuesta a esta clara tendencia se produce una lluvia incesante de leyes penales que, respondiendo a características esencialmente populistas y punitivistas derivadas de un puritanismo exacerbado y de la concepción de la moral y la honestidad como fundamentos, prácticamente exclusivos, de la intervención penal, incorporan al catálogo de delitos un listado interminable de comportamientos que, de forma genérica y mayoritaria, no responden a los presupuestos de merecimiento y necesidad de pena. Y no lo hace bien porque en realidad no existe un bien jurídico que pueda identificarse para justificar su creación, porque la concreta conducta sancionada no conlleva ni la gravedad ni la ofensividad requerida para abalar la intervención penal, o porque la solución del conflicto o de la preocupación social encontraría una vía más adecuada y menos lesiva que el "fácil" recurso al Derecho penal.

A todo ello se une un problema diverso. Al tratarse de figuras delictivas cuya criminalización no responde a la protección real de un bien digno de tutela penal, sino que se protegen una serie de intereses que atienden a diversos motivos económicos, políticos, sociales o ideológicos impuestos por los diversos operadores o grupos sociales dominantes, reúnen otra característica propia del Derecho penal de estos tiempos actuales: la mutabilidad que implicará la introducción de una legislación absolutamente cambiante en atención a los intereses prioritarios en cada momento histórico, social y político. Legislación que no responde a las características básicas de un Derecho penal propio de un Estado de Derecho, porque no es compatible con el principio de intervención mínima, y que se crea e implementa de manera presurosa (como respuesta inmediata al conflicto social surgido) sin que exista el debate y reflexión necesarios para la elaboración de una ley que afecta frontalmente a derechos fundamentales de las personas, como es el caso de la ley penal. Son, en consecuencia, leyes penales que no responden a los parámetros de racionalidad que la legislación penal debe cumplir y que pueden ser, y de hecho son, sustituidas por otras quedando exclusivamente al arbitrio de la voluntad del legislador; en definitiva, se trata de una clara instrumentalización del *ius puniendi* del Estado que se pone al servicio de intereses partidarios, sectarios, ideológicos o meramente populistas.

Al legislador actual, independientemente de su ideología política, no le importa que, en realidad, estas reformas o nuevas criminalizaciones no resuelvan el problema, ni le importa que en el camino para "aparentar" que se resuelven se atente frontalmente contra derechos y garantías constitucionalmente protegidos porque para ello cuenta con el "aval" que se deriva de la petición social de mayor intervencionismo. Lo único que le importa es dar respuesta a esa demanda social y tranquilizar a los ciudadanos transmitiéndoles la convicción de que el problema se ha solucionado.

Son muchos los ejemplos que podrían señalarse respecto de esta nueva forma de regulación penal que tiene como característica común y más importante la que se ha expuesto: la afección, con mayor o menor intensidad, de distintos derechos fundamentales. Y una de esas preocupaciones sociales que ha estado y sigue estando en el punto de mira tanto de la normativa internacional como del legislador nacional, es la relativa a la corrupción. Al margen de cual sea la realidad externa en relación con el funcionamiento de la Administración Pública en nuestro país, no sólo operadores sociales y políticos, sino que los medios de comunicación se han encargado de trasladar a la ciudadanía el mensaje y el convencimiento de que nos encontramos en un país endémicamente corrupto y que cualquier tipo de instrumento que nos permita luchar contra esa lacra social es, de manera automática y sin un mayor análisis, considerado legítimo.

En realidad, considero que se trata más de un problema aparente que real, y si se analizaran los distintos supuestos que en los últimos tiempos se han identificado como corrupción de manera pausada y sosegada, como debería realizarse en relación con cualquier calificación jurídico penal, probablemente sería difícil, cuando no imposible, identificar los requisitos que conforman las distintas figuras delictivas de la corrupción. Lo que si resulta innegable es que esa viralización del sentimiento que se provoca en la sociedad, ha determinado un grave deterioro de la confianza de los ciudadanos en el funcionamiento y honestidad de las instituciones, de prácticamente todas las instituciones, que conforman nuestro sistema democrático, y, ello sirve de base a la exigencia social y a la respuesta legislativa de incrementar la presión penal en este ámbito a fin de implantar todas las medidas de control imaginables, compatibles o no con los principios o derechos fundamentales constitucionalmente amparados.

Con esta finalidad, legítima en principio, de lucha contra la corrupción a través de cualquier tipo de actuación o instrumento que sirva para controlar y erradicar la misma, se llega a la convicción de que todo vale, y esa convicción (ilegítima en la inmensa mayoría de los casos) nos aboca a aceptar que aquello que se consideraba como el núcleo blindado de una Democracia (los derechos y libertades constitucionalmente protegidos) puede ser objeto de flexibilización, restricción e incluso erradicación desde el maquiavélico planteamiento del "fin justifica los medios". Obviamente ello no es compatible con un sistema democrático, pero si responde a la eficacia que se busca en la lucha contra la corrupción, con independencia de si el instrumento de lucha es legítimo o no.

Y en esa lucha contra la corrupción se ha planteado, ya desde la Convención de Naciones Unidas de Lucha Contra la corrupción, que no sólo deben perseguirse los actos de corrupción propiamente dichos, es decir, los concretos comportamientos en los que el servidor público con su actuación realice algún ataque al correcto funcionamiento de la Administración Pública que se derive directamente del cargo o la posición que ocupa y que implique un abuso de poder o la infracción de un deber (dependiendo de la postura que se mantenga en relación con el concepto de corrupción), sino todo aquello que de uno u otro modo implique una cierta conexión (o sospecha de conexión) con la misma. Es la ampliación del círculo de intervención y control, y en esa expansión de ha entendido y recomendado la sanción de los casos en los que el servidor público tenga un incremento desmesurado de su patrimonio que resulte incompatible con sus ingresos legítimos: la sanción del enriquecimiento ilícito o no justificado. Y ello no porque el enriquecimiento en sí mismo resulte delictivo o no permitido por nuestro ordenamiento jurídico, sino porque probablemente (y esta es una de las razones que subyacen en la propuesta de criminalización de este concreto supuesto) dichos bienes proceden de un delito previo que constituya un concreto acto de corrupción, pero que, en un relevante número de casos, resulta altamente complicado probar. A fin de eliminar la sensación de impunidad que trasladaría la imposibilidad de sancionar al servidor público se ofrece la posibilidad de incorporar un delito instrumental que permita castigar por la vía de la presunción de ilicitud (el delito de enriquecimiento) aquello que no ha podido demostrarse por la vía de la corrupción (el concreto delito previo del que proceden los bienes).

El escollo que se planteaba en este punto con la criminalización del incremento patrimonial como el tradicionalmente conocido delito de enriquecimiento ilícito eran los graves problemas constitucionales que planteaba, sobre todo en relación con la presunción de inocencia al establecer una presunción *iuris tantum* de ilicitud en el origen de los bienes que conllevaba una inversión de la carga de la prueba incompatible con la presunción de inocencia y el sistema acusatorio; era, en definitiva, un mero delito de sospecha. Sin embargo, nuestro legislador ha seguido sin renunciar a la idea de criminalizar todo aquello que, de algún modo guarde relación con el fenómeno de la corrupción, y, por ello, a fin de eludir estos graves problemas de constitucionalidad que se derivaban de la sanción del enriquecimiento ilícito como delito en nuestro ordenamiento jurídico, el legislador en la LO 14/2022 al introducir un nuevo delito de enriquecimiento injustificado en el art. 438 *bis* CP ha optado por una configuración diversa creando un delito de desobediencia en el que, al menos aparentemente, no se sanciona un incremento patrimonial con origen ilícito, sino la negativa a justificar, en determinados casos y tras ser requerido para ello, el origen de esos bienes. De este modo, innegablemente se elude la vulneración de la presunción de inocencia porque no existe de manera expresa una presunción del origen ilícito de los bienes que obligara al servidor público a demostrar que no era así, sino que se pasa a sancionar la infracción del deber específico de declarar el incremento patrimonial y el cumplimiento del requerimiento expreso realizado por las autoridades competentes. Es decir, un delito de desobediencia que en modo alguno afecta a la presunción de inocencia, porque la negativa o existe o no existe pero no tiene que ser desvirtuada por el sujeto activo.

Problema de constitucionalidad solucionado, o al menos eso puede parecer.

2. CONTROVERSIAS EN RELACIÓN CON EL DELITO DE ENRIQUECIMIENTO INJUSTIFICADO: LA *RATIO CRIMINIS* Y LA TÉCNICA LEGISLATIVA

La necesidad de superar los graves problemas de constitucionalidad que se derivaban de la propuesta de tipificación que procedía del art. 20 del CNUCC, determinó al legislador español a optar por la creación de un delito de enriquecimiento, no ilícito sino injustificado, que se configura como un delito de desobediencia en el que el concreto origen de los bienes parece, en principio, totalmente irrelevante al ser los elementos expresos y esenciales del nuevo delito regulado en el art. 438 CP tres: la existencia de un incremento patrimonial desproporcionado en relación con los ingresos del funcionario público, la ausencia de declaración del referido aumento del patrimonio (infracción del deber) y la negativa u omisión a justificar su origen ante requerimientos de los órganos competentes (desobediencia).

Ahora bien, esta "irrelevancia" del origen de los bienes es, a mi juicio, cuestionable por diversas razones. En primer lugar, porque la recomendación que partía de la normativa internacional y, en concreto, del art. 20 CNUCC se encaminaba a la lucha contra la corrupción de modo que se enfocaba en el castigo del servidor público que de manera indebida (mediante algún acto de corrupción) y a costa o en relación directa con el ejercicio de su cargo se enriqueciese de manera notoria y desproporcionada. A pesar de variar el eje y la estructura del tipo penal, también la LO 14/2022 en el Apartado VII de su Preámbulo señala que la creación de este nuevo delito responde a la lucha contra la corrupción. Como puede apreciarse, a pesar de los intentos de desvincular el nuevo enriquecimiento injustificado de la propuesta precedente de enriquecimiento ilícito, en modo alguno ha podido desvincularse de su conexión con la corrupción. En consecuencia, si la lucha contra la corrupción no sólo es la idea subyacente que late en la criminalización de estas conductas, sino también la expresa *ratio criminis* establecida en la Ley, el origen de los bienes, aunque no exista como antes, una presunción expresa de la ilicitud de los mismos, pasan a convertirse en fundamento innegable de la sanción de este comportamiento. Y con ello, nuevamente estamos "presumiendo" el origen ilícito de los mismos, procedentes de un acto delictivo de corrupción, aunque ciertamente no suponga una vulneración de la presunción de inocencia porque la conducta que se sanciona no es esa ilicitud de los bienes, sino la desobediencia de un requerimiento que no atenta contra el derecho mencionado. Eso sí, ello no obsta que pueda afectar, como se ha expuesto, a otros derechos fundamentales distintos, como el derecho de defensa y sus concretas manifestaciones, por cuanto justificar los bienes dando cumplimiento al requerimiento recibido, puede implicar (si estos proceden de actos delictivos) que a través de una amenaza penal se esté coaccionando al sujeto activo a declarar contra sí mismo.

Pero también es cuestionable esa irrelevancia, en segundo lugar, por la ubicación sistemática del delito, entre los delitos contra la Administración Pública, que parece determinar la necesidad de existencia de una vinculación entre el incremento patrimonial y el cargo público que se está ocupando. Y un tercer aspecto, la incorporación de un elemento temporal al delito en cuestión, que determina que el incremento del patrimonio debe producirse durante el desempeño de su función o cargo y hasta cinco años después de haber cesado en ellos. Todo ello conlleva, a mi parecer, que la existencia de una conexión entre el ejercicio del cargo y el enriquecimiento se encuentra presente en el delito de enriquecimiento injustificado. No es, por tanto, un puro delito de desobediencia de una orden o requerimiento recibido de la autoridad u órgano competente para hacerlo, sino que implica una especialidad concreta, en tanto que la desobediencia se fundamenta en la existencia de una vinculación con un acto corrupto previo que no ha podido demostrarse. No se trata de si se vulnera o no el principio de autoridad (fundamento de los delitos de desobediencia) sino de luchar contra una de las preocupaciones de la sociedad: la corrupción y todas sus manifestaciones.

Uno de los problemas que surge en este punto es que el enriquecimiento injustificado, a mi juicio y atendiendo a la descripción típica del mismo, no responde a las características de la corrupción. Es decir, enriquecerse no es delito ni es una manifestación de la corrupción, ni tampoco lo es desatender una orden o un requerimiento; lo que es delito es enriquecerse prevaliéndose del cargo que se ocupa. Pero si esto es lo relevante, el origen de los bienes si que tiene trascendencia, y en el fondo, existe una suposición de que los mismos proceden de ese acto ilícito previo que no ha podido demostrarse. Y si ello es así, y a mi juicio lo es, la configuración como delito de la negativa a justificar el origen de los bienes podría implicar que el sujeto se autoincriminara en el ilícito del cual traen causa los bienes y, con ello, un nuevo problema de constitucionalidad en relación con la vulneración del derecho de defensa, a guardar silencio y a no declarar contra sí mismo.

A estas cuestiones que se han señalado se unen otros problemas, ahora sí, derivados de la concreta regulación típica y la técnica legislativa empleada. El primero de todos es la imposibilidad de identificar un bien jurídico protegido por el art. 4348 *bis* CP, lo cual no resulta sorprendente si se entiende que se trata de un delito instrumental. Son diversas las opciones que se han sostenido en relación con cual sería el objeto de tutela y que, por las razones que se han expuesto (esencialmente porque constituyen medios o instrumentos para garantizar otro bien jurídico) se han ido rechazando, de manera que la única opción posible atendiendo a razones sistemáticas es considerar que debería entenderse que el objeto de referencia es el correcto funcionamiento de la Administración Pública como bien jurídico categorial protegido en los delitos contenidos en el Título XIX, Libro II del Código Penal. Y aquí surge una nueva cuestión, la de la potencialidad lesiva del enriquecimiento injustificado respecto de ese objeto de tutela ante lo cual surge una respuesta inmediata: el incremento del patrimonio de un servidor público ni la ausencia de declaración del mismo estando obligado a hacerlo atenta contra el correcto funcionamiento de la Administración Pública. Podrá ser, todo lo más, una infracción administrativa o tributaria, pero no un delito de corrupción.

El deber específico de transparencia o la *obligación legal* de declarar el patrimonio que recae en determinados sujetos no puede elevarse a bien jurídico penalmente protegido so pena de convertir el delito en cuestión en una infracción meramente formal cuyo único fundamento es el quebrantamiento de un deber administrativo.

Otra de las cuestiones controvertidas en relación a la concreta regulación típica que se ha realizado y que guarda relación directa con el planteamiento que se sostiene en este trabajo de la vinculación innegable (aunque no reconocida) del delito de enriquecimiento injustificado con la corrupción y la existencia de un delito previo en este sentido, es el hecho de la sorprendente reducción del círculo de sujetos activos que se realiza en el art. 438 *bis* CP. Obviamente todos los delitos contra la Administración Pública se configuran como delitos especiales que conllevan una limitación de los posibles sujetos activos a la autoridad y funcionarios públicos, conceptos definidos en el art. 24 CP. La incomprensible novedad que incorpora el art. 438 *bis* CP es que se limiten los mismos exclusivamente a las autoridades, dejando al margen a quienes (funcionarios públicos) pueden contribuir de manera similar a atentar contra el correcto funcionamiento de la Administración Pública mediante la realización de hechos relacionados con la corrupción.

A efectos de identificar quienes pudieran ser estos sujetos es necesario, como se ha señalado, compatibilizar lo establecido en el art. 24.1 CP y los sujetos a los que se refiere la Ley 3/2015, de 20 de marzo; y ello plantea un problema no menor, por cuanto si autoridad a efectos penales es quien tiene mando o ejerce jurisdicción propia, es evidente que existen más sujetos que los expresamente previstos en la ley 3/2015 que reúnen esas características. Pero también ocurre a la inversa, esto es, que muchos de los que se encuentran expresamente mencionados en la legislación administrativa como obligados a la declaración de sus bienes en virtud de un deber específico de transparencia, no reúnen las exigencias del art. 24.1 CP dado que no tienen mando ni ejercen jurisdicción propia, por ejemplo, en los casos de jurisdicción delegada. En definitiva, como se indicó ni todos los que se indican en la Ley 3/2015, que establece la alegada obligación legal de declarar que fundamenta la infracción del deber como presupuesto del delito de enriquecimiento injustificado, reúnen las condiciones exigidas para ser considerados autoridad a efectos penales, ni los que son autoridad *ex* art. 24.1 CP se encuentran entre los mencionados en la legislación administrativa. No quedará mas solución que analizar cada supuesto en concreto para determinar si el sujeto en cuestión puede ser o no considerado autoridad para aplicar el art. 438 *bis*. Quizás, si no se hubiera producido la expresa exclusión de los funcionarios públicos, el problema no sería tal, porque respecto de los sujetos expresados en la referida ley 3/2015 podría sustentarse su consideración como funcionarios públicos.

En resumen, los problemas que se derivan de la incorporación del nuevo delito de enriquecimiento injustificado no son sólo de regulación y técnica legislativa respecto de la que se han expuesto distintos aspectos cuestionables, sino, y quizás esto sea lo más importante, los que se plantean del hecho de que el fundamento de la sanción y la *ratio criminis* del delito sigue siendo, en esencia, la misma que era respecto del enriquecimiento ilícito, esto es, la lucha contra la corrupción y, por tanto, la relevancia del origen de los bienes y su conexión con ilícitos o delitos previos realizados por el sujeto.

3. LA INCIDENCIA DEL DELITO DE ENRIQUECIMIENTO INJUSTIFICADO EN EL DERECHO A GUARDAR SILENCIO Y EL DERECHO A NO DECLARAR

Como se ha expuesto a lo largo de todo este trabajo, tanto la motivación procedente de la normativa internacional como la propia *ratio criminis* que se señala expresamente en la LO 14/2022, radica en la lucha contra la corrupción y ello determina la necesidad de reconocer que el fundamento real, aunque no sea el que literalmente se derive de la regulación típica, es la conexión entre el incremento patrimonial activo y la realización de un comportamiento ilícito previo (generalmente un delito contra la Administración Pública) que se lleva a cabo con ocasión y prevaliéndose del cargo que ocupa.

A mi juicio, nos encontramos ante la creación de una nueva presunción, esta vez tácita o subyacente, que identifica el enriquecimiento injustificado con ilícito, pero no por el hecho de no dar respuesta al requerimiento realizado por el órgano competente para ello, que de hecho lo que constituye es el instrumento (delito instrumental) para dar respuesta a la verdadera finalidad que no es otra que poder luchar contra la corrupción mediante el castigo del resultado constatado (el enriquecimiento de la autoridad pública) al no poder sancionar, esencialmente por falta de pruebas, la acción de la que se deriva (el acto de corrupción). Si la corrupción y el origen ilícito de los bienes, aunque ello no se derive directamente del contenido del art. 438 *bis* CP, siguen siendo los presupuestos básicos de la tipificación, entonces considero necesario aceptar que se ha construido una presunción de ilicitud del patrimonio, de modo que el motivo real de la sanción penal no es la desobediencia del sujeto al requerimiento, sino la conducta previa de comisión de un delito del que se deriva el incremento patrimonial.

Sostener que el delito de enriquecimiento injustificado tiene como uno de sus elementos esenciales la infracción de un deber que se identifica con la *obligación legal de declarar sus bienes* y el hacer caso omiso al requerimiento de que lo haga, al margen de que no sea suficiente a mi juicio para sustentar la legitimidad de la intervención penal en cuanto se podría sancionar por la vía administrativa o tributaria, no obsta para que el motivo básico y principal de que la conducta se sancione penalmente sea esa presunción de ilicitud, la existencia de un acto previo de corrupción y que el tipo penal sirva como instrumento para cubrir la impunidad que se derivaría de la imposibilidad de poder demostrar esa ilicitud previa.

Y sobre esa base se estaría obligando a la autoridad que no ha declarado el incremento patrimonial y ha sido requerida para que lo haga, a colaborar con la administración y justificar los mismos, bajo la amenaza de la imposición de una condena por el delito de enriquecimiento injustificado, es decir, se podría entender que se le coacciona para que no guarde silencio y declare contra sí mismo indicando el origen de los bienes en el caso de que aquellos procedan de un hecho ilícito. No se trata de que el hecho de no atender al requerimiento de los órganos competentes para que justifique su patrimonio suponga una vulneración del derecho a guardar silencio o a no declarar, sino que es el mismo delito previsto en el art. 438 *bis* CP el que lesiona ese derecho al obligar a la autoridad pública a aportar datos o información que, perfectamente, podrían incriminarle en otro delito previo que no está siendo enjuiciado.

Pongamos un ejemplo: una autoridad posee un patrimonio injustificado procedente bien de un delito de cohecho o bien de un delito de blanqueo, y se niega a dar razón de la procedencia de los bienes que posee, obviamente en tanto que autor de un hecho delictivo está ejerciendo legítimamente su derecho de defensa a no declarar contra sí mismo y a no autoincriminarse porque, de colaborar con la Administración, estaría aportando pruebas en su contra. En este caso, si sin su colaboración pudiera esclarecerse la existencia del delito previo responderá de un concurso de delitos entre éste y el de enriquecimiento injusto porque no ha justificado sus bienes; en el caso de que no pudiera probarse el delito previo, siempre tendremos el delito de enriquecimiento injusto por su falta de colaboración. En un lenguaje más popular "la banca nunca pierde".

Considero que, a pesar de la existencia de una obligación legal respecto de determinados sujetos de colaborar con la Administración, pública y de justicia, en aras de una mayor transparencia y una lucha contra la corrupción, por encima de la misma se encuentra el derecho fundamental a la defensa y sus manifestaciones instrumentales que se derivan del art. 24.2 CE, esto es, el derecho a guardar silencio y a no ser obligado a presentar pruebas que puedan incriminarle. Y precisamente por ello, a mi juicio no resulta legítimo convertir en delito un comportamiento (guardar silencio o no colaborar con la administración de justicia) que constituye un derecho fundamental amparado constitucionalmente. Resulta difícilmente imaginable coerción mayor para que el sujeto colabore con la Administración de justicia o declare contra sí mismo que la amenaza de imposición de una pena.

Como se ha señalado, ni puede obligarse a un sujeto a colaborar con la Administración, ni puede forzarse que declare vulnerando su derecho a guardar silencio, porque ambos son derechos fundamentales consagrados constitucionalmente. De hacerlo, como en mi opinión ocurre con la regulación prevista en el art. 438 *bis* CP, no sólo se estarían lesionando las bases esenciales de un Estado de Derecho, sino que se estaría construyendo un delito (el enriquecimiento injustificado) sobre la base del ejercicio legítimo de un derecho fundamental, el derecho a guardar silencio, a no declarar, a mentir, a obstruir, como manifestaciones del derecho de defensa. Y en este caso la dudas sobre su constitucionalidad volverían a ser notoriamente elevadas. Cuestión distinta será el hecho de la valoración de ese silencio o esa negativa por parte del órgano juzgador respecto a la posible imputación de un delito del que traigan origen esos bienes, pero ello no fundamenta la legitimidad de criminalizar el silencio o la falta de colaboración.

Obviamente para "sancionar" este tipo de comportamientos es posible recurrir a otros instrumentos como el derecho administrativo, el tributario, el comiso, etc. en tanto que se incumplan las obligaciones que tienen los sujetos considerados como autoridad de declarar su patrimonio a efectos de control público en aras de la transparencia y respecto de las que pueden aplicarse diversas consecuencias desde la perspectiva del derecho administrativo sancionador o del derecho tributario[230]. Pero lo que no cabe, al menos en mi opinión, es a fin de facilitar la tarea investigadora de la administración de justicia, convertir en delito el ejercicio de un derecho fundamental.

No puede perderse de vista lo que ha sido reconocido incluso por quienes abogan por la legitimidad de este nuevo delito de enriquecimiento injustificado, y es el hecho de que, en realidad, nos encontramos ante un delito instrumental, carente realmente de fundamento autónomo, cuya finalidad principal radica en eludir la impunidad que se produciría en aquellos casos en los que el delito previo no

---

230 BLANCO CORDERO, "El debate sobre la necesidad de castigar penalmente el enriquecimiento ilícito de empleados públicos", cit., págs. 34 y 35, señalaba que *"antes de pensar en la incorporación de este delito al ordenamiento jurídico es conveniente analizar su necesidad y, en especial, si existen otros medios menos lesivos de los derechos de los ciudadanos. Es importante, por ello, explorar la vía administrativa, que permite sancionar a aquellos empleados públicos que, obligados a declarar sus bienes, no lo hacen cuando experimentan un incremento en su patrimonio. Entre las posibles consecuencias jurídicas podría incluirse, desde luego, el decomiso (administrativo) de los bienes"*, entre otras posibilidades. Por ejemplo, OLAIZOLA NOGALES, "El delito de enriquecimiento ¿no justificado? ¿ilícito?", cit., págs. 195 a 198, plantea como más adecuado para estos casos el recurso a la figura del decomiso ampliado.

ha podido demostrarse. No dar respuesta al requerimiento de la autoridad competente para que justifique el origen del incremento patrimonial que ha tenido el sujeto activo, es decir, guardar silencio, no declarar o mentir responde a la garantía que tienen los ciudadanos de no facilitar ningún tipo de declaración de la cual puedan derivarse información, datos o indicios que permitan incriminarlos en cualquier tipo de ilícito.

Ciertamente en relación con la concreta aplicación judicial del delito de enriquecimiento injustificado no podría alegarse la vulneración del genérico derecho de defensa por cuanto la declaración que se pide o a la que se obliga no supondría una autoincriminación en el propio delito de desobediencia que se perfecciona con la negativa del sujeto, sino respecto de un ilícito previo que, aparentemente, no guarda relación con la figura prevista en el art. 438 *bis* CP, pero que en realidad está directamente conectado con él. La vulneración del derecho fundamental proviene, por tanto, de la propia tipificación como delito del enriquecimiento injustificado al constituir una amenaza de sanción en el caso de no querer colaborar, dar respuesta a los requerimientos o decidir guardar silencio. Dicho de otro modo, el ejercicio legitimo de un derecho fundamental se convierte, a mi modo de ver, en el delito de enriquecimiento injustificado.

Por todo lo que se ha expuesto hasta el momento y, sobre todo, porque considero y así también se ha sostenido doctrinalmente, que existen variadas y diversas posibilidades de dar solución a los casos de enriquecimiento indebido de los servidores públicos sin que sea necesario recurrir a la vía penal para ello, debería abogarse por la derogación del nuevo precepto incluido por la LO 14/2022 en tanto que adolece de importantes cuestionamientos en relación con su constitucionalidad al incidir de manera directa y frontal en distintas manifestaciones del derecho de defensa. No puede obligarse a un sujeto a autoincriminarse ni a colaborar con la Administración, debe respetarse su derecho a guardar silencio y a no declarar, y la mera posibilidad de poder imponer una sanción penal por ejercitar estos derechos, resulta, en mi opinión, insostenible en un Estado de Derecho. Criminalizar el silencio no es la opción para luchar contra la corrupción; la vía es otra diversa: implementar medidas de control, de inspección, de sanciones administrativas y tributarias que respondan a la gravedad de los hechos. Castigar a quien calla o miente para evitar que se descubra que los bienes que posee se derivan de un hecho delictivo, no debiera resultar constitucionalmente posible, y ello conlleva la obligación del Estado y, concretamente del legislador, de velar para que eso no se produzca y de eliminar cualquier tipo de normativa que colisione y quebrante los derechos fundamentales. Otra opción no es posible en un Estado democrático de Derecho, a no ser que dejemos de serlo.

Bibliografía

ALCACER GUIRAO, "Opiniones constitucionales", en *InDret*, nº 1, enero, 2018.

ÁLVAREZ DE NEYRA, "Alcance constitucional del Derecho a guardar silencio en el proceso penal", en *Revista Aranzadi de Derecho y proceso Penal*, nº 49, 2018.

ARMENTA DEU, *Lecciones de Derecho Procesal Penal*, 12ª ed., Marcial Pons, Madrid 2019.

ARROYO ZAPATERO, *Delitos conta la Hacienda Pública en materia de subvenciones*, Ed. Ministerio de Justicia, Madrid, 1987.

ASENCIO GALLEGO, *El derecho al silencio como manifestación del derecho de defensa*, Tirant lo Blanch, Valencia, 2017.

ASENCIO MELLADO, "El delito de enriquecimiento ilícito", en *El Notario del Siglo XXI*, nº 32, 2010.

— "La lucha contra la corrupción", en *El notario del siglo XXI*, nº 57, 2014.

— *Derecho Procesal penal*, Tirant lo Blanch, Valencia, 2012.

AZAUSTRE RUIZ, "La presunción de inocencia en el proceso penal: comentario a la Directiva (UE) 2016/343, del Parlamento Europeo y del Consejo, por la que se refuerzan determinados aspectos de dicha presunción", en *Revista Aranzadi Unión Europea*, nº 3, 2017.

BACIGALUPO ZAPATER, "Sobre la reforma de los delitos de los funcionarios", en *Documentación Jurídica* 37/40, 1983.

BERDUGO GÓMEZ DE LA TORRE, "Política criminal contra la corrupción: la reforma del decomiso", en *Revista Penal*, nº 40, 2017.

BLANCO CORDERO, "De nuevo sobre el delito de enriquecimiento ilícito", en *Un modelo integral de Derecho penal. Libro Homenaje a la profesora Mirentxu Corcoy Bidasolo*, Gómez Martín/ Bolea Bardón/ Gallego/Hortal Ibarra/Joshi Jubert (directs.), Boletín Oficial de Estado, Madrid, 2022.

BLANCO CORDERO, "El debate en España sobre la necesidad de castigar penalmente el enriquecimiento ilícito de empleados públicos", en *Revista Electrónica de Ciencia Penal y Criminología*, 19-16, 2017.

BOIX REIG/GRIMA LIZANDRA, *Derecho Penal, parte especial*, vol. III, Boix Reig (direct.), Iustel, Madrid, 2021.

BUSTOS RUBIO, *La regularización en el delito de defraudación a la Seguridad Social*, Tirant lo Blanch, Valencia, 2016.

CÁMARA ARROYO, "Las propuestas de reforma y ampliación de la prisión permanente revisable en España", en *Penas perpetuas*, Rodríguez Yagüe (direct.), Tirant lo Blanch, Valencia, 2023.

CARDENAL MONTRAVETA/ROGE SUCH, *Manual de Derecho Penal, Parte Especial*, tomo I, 3ª ed., Corcoy Bidasolo (direct.), Tirant lo Blanch, Valencia 2023.

CHOCLAN MONTALVO, *La aplicación práctica del delito fiscal: cuestiones y soluciones*, Bosch, Barcelona, 2011.

DE LA MATA BARRANCO, "Delito de abandono del lugar del accidente (autoencubrimiento) y otros delitos, cuando menos, curiosos: una mala legislación penal", en *Almacén de Derecho*, Febrero 18, 2019.

DEL MORAL GARCÍA, "Aspectos procesales de la responsabilidad penal de las personas jurídicas", en *Aspectos prácticos de la responsabilidad criminal de las personas jurídicas*, en Zugaldía Espinar/Marín Espinosa Ceballos (coords.), Aranzadi, 2013.

DIAZ Y GARCÍA CONLLEDO, "Autoridad y funcionario público a efectos penales", en *Enciclopedia penal básica*, Comares, Granada, 2002.

DOPICO GÓMEZ-ALLER, *Comentarios al Código Penal*, tomo 2, Cuerda Arnau (direct.), Tirant lo Blanch, Valencia, 2023.

ESCUDERO GARCÍA-CALDERÓN, "La satisfacción de las víctimas como expresión de una política criminal equivocada y el sonrojo de los juristas", en *Modernas tendencias y modernos peligros de la Política Criminal*, Tirant lo Blanch, Valencia, 2023.

FABIÁN CAPARRÓS, "Apuntes críticos sobre la posible tipificación del delito de enriquecimiento ilícito en España", en *Corrupción: compliance, represión y recuperación de* activos, Rodríguez García/Carrizo González Castell/Rodríguez López (edts.), Tirant lo Blanch, Valencia 2019.

FERNÁNDEZ LÓPEZ, "Consideraciones sobre el delito de enriquecimiento ilícito", en *Halcones y Palomas: Corrupción y delincuencia económica*, Demetrio Crespo/González Cuellar-Serrano (directs.), Castillo de Luna ediciones jurídicas, Madrid, 2015.

— "Las presunciones en el proceso penal. Análisis a propósito del delito de enriquecimiento ilícito", en *Justicia penal y nuevas formas de delincuencia,* Asencio Mellado (direct.), Tirant lo Blanch, Valencia, 2017.

FERNÁNDEZ TERUELO, "El fenómeno de la corrupción en España. Respuesta penal y propuestas de reforma", en *Economía y Derecho penal en Europa: una comparación entre las experiencias italiana y española. Actas del Congreso hispano-italiano de Derecho penal económico,* Università degli Studi di Milano, Milán, 2015.

FERRE OLIVE, *Tratado de los delitos contra la Hacienda Pública y contra la Seguridad* Social, Tirant lo Blanch, Valencia, 2018.

FUENTES SORIANO, "El silencio y sus consecuencias en el proceso", en *Revista General de Derecho Procesal,* nº 46, 2018.

GALÁN MUÑOZ, *Manual de Derecho Penal económico y de la empresa,* 5ª ed., Galán Muñoz/Núñez Castaño, Tirant lo Blanch, Valencia, 2023.

GALLARDO ROSADO, *Los derechos a permanecer en silencio y a no declarar contra sí mismo,* Tirant lo Blanch, Valencia, 2022.

GARCÍA ARAN, "Conducción de vehículos bajo la influencia del alcohol. Ejercicio del derecho constitucional a la defensa", en *Revista Jurídica de Catalunya,* 1987-3.

GARCÍA ARROYO, "La dudosa legitimación jurídico penal del delito de cohecho impropio o en consideración al cargo", en *Revista General de Derecho Penal,* nº 35, 2021.

— *Los delitos de cohecho antecedente,* Aranzadi, Cizur Menor, 2021.

GARCÍA DE ENTERRÍA/FERNÁNDEZ RODRÍGUEZ, *Curso de Derecho Administrativo,* tomo II, 16ª ed., Civitas, Cizur Menor, 2020.

GARLAND, *La cultura del control,* Gedisa editorial, Barcelona, 2005.

GÓMEZ INIESTA, "Subtipo agravado de detención ilegal por no dar razón del paradero de la persona detenida. Art. 166 CP", en *Estudio crítico sobre el anteproyecto de reforma penal de 2012,* Álvarez García (direct.), Tirant lo Blanch, Valencia, 2013.

GÓMEZ RIVERO, "Presunciones y Derecho Penal", en *Revista Penal México,* nº 3, enero-junio 2022.

GÓMEZ TOMILLO/SANZ RUBIALES, *Derecho administrativo sancionador, Parte General,* 4ª ed., Aranzadi, Cizur Menor, 2017.

GONZÁLEZ CUSSAC, *Derecho Penal, Parte Especial,* 8ª ed., en González Cussac (coord.) Tirant lo Blanch, Valencia, 2023.

GONZÁLEZ URIEL, "La controvertida incorporación del mal llamado delito de enriquecimiento ilícito en el art. 438 bis del Código Penal", en *Revista Aranzadi Doctrinal*, 7, 2023.

GORRIZ ROYO, "Detenciones ilegales y secuestros sin dar razón del paradero de la persona detenida (art. 166 CP) y practicados por autoridad o funcionario público (art. 167 CP", en *Comentarios a la reforma del Código Penal de 2015*, González Cussac (direct.), Tirant lo Blanch, Valencia, 2015.

HASSEMER, *Crítica al Derecho penal de hoy*, trad. Ziffer, 2ª ed., Ad Hoc, Buenos Aires, 2003.

HERNÁNDEZ BASUALTO, "El delito de enriquecimiento ilícito de funcionarios en el Derecho Penal Chileno", en *Revista de Derecho de la Pontificia Universidad Católica de Valparaíso*, vol. XXVII, segundo semestre, 2006.

JARIA I MANZANO, "La Constitución y el proceso penal: cuestiones fundamentales", en *Derecho Penal Constitucional*, Quintero Olivares (direct.), Tirant lo Blanch, Valencia, 2015.

JAVATO MARTÍN, "El concepto de funcionario y autoridad a efectos penales", en *Revista Jurídica de Castilla y León*, nº 23, 2011.

LANDROVE DIAZ, *Detenciones ilegales y secuestros*, Tirant lo Blanch, Valencia 1999.

LÓPEZ BARJA DE QUIROGA, "El derecho a guardar silencio y a no incriminarse", en *Derechos Procesales fundamentales. Manuales de formación continuada*, Gutiérrez Alviz y López Barja de Quiroga (coords.), Madrid, CGPJ, 2005.

— *Manual de Derecho penal, Parte especial*, III, Madrid 1992.

LUIS GONZÁLEZ, "El delito de enriquecimiento ilícito de funcionario y empleado público como delito de sospecha. Problemas constitucionales", en *Revista de la Facultad de Derecho y Ciencias Sociales y Políticas de la Universidad del Nordeste*, vol. 10, nº 19, 2016.

MAGRO SERVET, "¿Es válido que el juez inste el requerimiento de documentos al investigado en el proceso penal a instancia de la acusación", en *Diario La Ley*, nº 9602, Sección Doctrina, 26 de marzo de 2020, LaLey 2551/2020.

MARTÍNEZ-BUJÁN PÉREZ, *Derecho penal económico y de la empresa. Parte general*, 6ª ed., Tirant lo Blanch, Valencia, 2022.

— *Derecho penal económico, Parte especial*, 7ª ed., Tirant lo Blanch, Valencia, 2023.

— *Derecho Penal, parte especial,* 8ª ed., González Cussac (coord.), Tirant lo Blanch, Valencia, 2023.

MATALLÍN EVANGELIO, "La prueba del origen ilícito de los bienes y otros problemas interpretativos del blanqueo de capitales", en *Revista Penal México,* nº 23, julio-diciembre, 2023.

MIR PUIG, C. "El delito de enriquecimiento ilícito o injusto", en *Un modelo integral de Derecho penal: Libro Homenaje a la Profesora Mirentxu Corcoy Bidasolo,* vol. 2, Boletín Oficial del Estado, Madrid, 2022.

MIR PUIG, *Derecho penal, Parte General,* 10ª ed., Reppetor, Barcelona, 2015.

MIRÓ ESTRADÉ, "El nuevo delito de enriquecimiento ilícito como forma de desobediencia (art. 438 bis CP)", en *La Ley penal,* nº 161, Marzo-Abril 2023, Laley 3450/2023.

MORALES PRATS, *Comentarios a la Parte especial del Derecho Penal,* 10ª ed., Quintero Olivares (direct.), Aranzadi, Cizur Menor, 2016.

MORENO CATENA, "Sobre la presunción de inocencia", en *El proceso penal en la encrucijada. Homenaje al Dr. César Crisóstomo Barrientos Pellecer,* vol. II, Publicaciones de la Universidad Jaume I, 2015.

— "Sobre la presunción de inocencia", en *Pruebas y proceso penal. Análisis especial de la prueba prohibida en el sistema español y en el Derecho comparado,* Gómez Colomer (coord.), Tirant lo Blanch, Valencia, 2008.

— *La defensa en el proceso penal,* Madrid, 1982.

MUÑOZ CONDE, "De la prohibición de autoincriminación al derecho procesal del enemigo", en *Estudos en Homenagem ao Prof. Doutor Jorge de Figueiredo Diaz,* vol. 3, *Stuidia Iuridica,* Universidad de Coimbra, 2009.

— *Derecho Penal, parte especial,* 25ª ed., Tirant lo Blanch, Valencia, 2023.

MUÑOZ CUESTA, "El nuevo delito de desobediencia del art. 438 bis CP introducido por la LO 14/2022", en *Revista Aranzadi Doctrinal,* nº 5, 2023, BIB 2023/983.

NAVARRO CARDOSO, *El cohecho en consideración al cargo o función,* Tirant lo Blanch, Valencia, 2018.

NIETO MARTÍN, *Nociones fundamentales de Derecho penal, Parte especial,* vol. II, Gómez Rivero (direct.), Tecnos, 2019.

NÚÑEZ CASTAÑO, "Discurso terrorista y libertad de expresión en el delito de enaltecimiento del terrorismo", en *La represión y persecución penal del discurso terrorista,* Galán Muñoz/Gómez Rivero (direct.), Tirant lo Blanch, Valencia, 2022.

— "Prólogo" a GARCÍA ARROYO, *Los delitos de cohecho antecedente,* Aranzadi, Cizur Menor, 2021.

OLAIZOLA NOGALES, "El delito de enriquecimiento ¿no justificado? ¿ilícito?", en *Revista Penal,* nº 52, julio 2023.

ORTIZ DE URBINA GIMENO, *Lecciones de Derecho Penal, parte especial,* 8ª ed., Silva Sánchez (direct.), Atelier, Barcelona, 2023.

ORTS BERENGUER/GONZÁLEZ CUSSAC, *Compendio de Derecho Penal, Parte General,* 10ª ed., Tirant lo Blanch, Valencia, 2023.

PAREDES CASTAÑÓN, "Terrorismo y principio de intervención mínima: una propuesta de despenalización", en *Terrorismo, Sistema penal y derechos fundamentales,* Alonso Rimo/Cuerda Arnau/Fernández Hernández (direct.), Tirant lo Blanch, Valencia, 2018.

PASTOR RUIZ, "El derecho a mentir: el tratamiento de la mentira del imputado", en *La Ley, 5165/2013.*

PICON ARRANZ, "El derecho a la no autoincriminación en el procedimiento administrativo sancionador: un estudio a la luz de la jurisprudencial del TJUE", en *Revista de Estudios europeos,* vol. 79, enero-junio, 2022.

QUERALT JIMÉNEZ, "Concepto de funcionario público a efectos penales", en *Cuadernos de Política Criminal,* nº 27, 1985.

QUINTERO OLIVARES, "Las leyes penales, la irracionalidad y el consenso", en *Teoría y Derecho,* nº 34, Tirant lo Blanch, 2023.

— "Una guarnición: el delito de enriquecimiento ilícito", en *Almacén de Derecho,* 30 de diciembre de 2022, https://almacendederecho.org/una-guarnicion-el-enriquecimiento-ilicito (ult. cónsul. 7 de noviembre de 2023).

RAGA VIVES, "Art. 438 bis", en *Comentarios al Código penal,* tomo II, Cuerda Arnau (direct.), Tirant lo Blanch, Valencia, 2023.

— "Del enriquecimiento ilícito a la desobediencia por enriquecimiento injustificado de autoridades", en *Revista General de Derecho Penal,* nº 39, 2023.

— "El nuevo delito de desobediencia por enriquecimiento injustificado", en *Comentarios a la LO 14/2022, de reforma del Código Penal,* González Cussac (coord.), Tirant lo Blanch, Valencia 2023.

REBOLLO VARGAS, "El derecho a guardar silencio, a no declarar contra sí mismo y a estar presente en juicio: análisis y pautas interpretativas sobre algunas cuestiones de la Directiva (UE) 2016/343, del Parlamento Europeo y del Consejo, de 9 de marzo de 2016", en *Cuadernos de Política Criminal*, época II, nº 128, Septiembre 2019.

ROCA AGAPITO, "Concepto de autoridad y funcionario público a efectos penales", en *Revista de Derecho y Proceso Penal*, nº 31, mayo-agosto, 2013.

RODRÍGUEZ MOLINA, *La atenuante de dilaciones indebidas y su aplicación jurisprudencial*, Cizur Menor, Aranzadi, 2023.

ROJAS PILCHER, "El delito de enriquecimiento ilícito y su proyección en los convenios internacionales sobre corrupción", en *Revista Penal México*, nº 7, 2015.

RUEDA MARTÍN, "Reflexiones sobre la constitucionalidad del delito de detenciones ilegales o secuestros sin dar razón de la persona detenida", en *Revista Penal*, nº 37, Enero 2016.

SANCINETI, *El delito de enriquecimiento ilícito de funcionario público-art. 268.2 CP. Un tipo penal violatorio del Estado de Derecho*, Ad Hoc, Buenos Aires, 1994.

SÁNCHEZ BENITEZ, "El delito de enriquecimiento ilícito: ¿Una propuesta inconstitucional?", en *Revista Electrónica de Estudios Penales y de la Seguridad*, 4, 2019.

SERRANO ALBERCA, "Arts. 17", en *Comentarios a la Constitución Española*, AAVV, 3ª ed., Civitas, Madrid, 2001.

SILVA SÁNCHEZ, *Malum passionis. Mitigar el dolor del Derecho penal*, Atelier, Barcelona, 2018.

VILLEGAS GARCÍA, "El delito de «enriquecimiento ¿ilícito?» del artículo 438 bis del Código Penal", en *Diario La* Ley, nº 10278, Sección Doctrina, 3 de mayo de 2023, *La Ley 3408/2023*.